# 应急预案与演练

主　编　曹飞凤　张丛林

副主编　韩　伟　贺露露

应急管理出版社

·北　京·

## 内 容 提 要

本书以应急预案与演练为主题，概述了应急预案概念、特点、分类、功能、进展与趋势，分析了应急预案及其行动手册的编制流程，探讨了智慧型应急预案的基本架构与执行过程，介绍了应急预案管理与监管的路径与方法。在此基础上，概述了应急演练的概念、类型、作用与发展趋势，并从前期工作、实施、总结与评估等环节系统性阐述了应急演练的主体、程序与要点。

本书资料翔实，内容丰富，理论性、实践性强，对于政府部门、科研机构、高校、企业，以及广大关心应急管理事业的人士有较高的参考价值，将为推进我国应急管理体系和能力现代化提供支撑。

# 本书编委会

**主　编**

曹飞凤（浙江工业大学）

张丛林（中国科学院科技战略咨询研究院）

**副主编**

韩　伟（浙江工业大学）

贺露露（浙江工业大学）

**编写人员**（按姓氏笔画排序）

王　萍（浙江龙游经济开发区管委会）

王　慧（浙江永邦应急科技有限公司）

王凰源（浙江工业大学）

孔维博（浙江永邦应急科技有限公司）

乔海娟（南京水利科学研究院）

杨嘉圳（浙江工业大学）

郑家城（浙江永邦应急科技有限公司）

徐　浩（浙江工业大学）

徐新法（浙江工业大学）

董晨一（浙江工业大学工程设计集团有限公司）

蒋韵妮（浙江永邦应急科技有限公司）

# 序（一）

2003年抗击"非典"之后，党中央、国务院在深刻总结历史经验、科学分析公共安全形势的基础上，全面加强以"一案三制"（应急预案体系和应急体制、机制、法制）为核心内容的应急管理体系建设，并不断深化和完善。国务院办公厅印发了《突发事件应急预案管理办法》《突发事件应急演练指南》等文件。《突发事件应对法》也对建立健全应急预案体系和开展应急演练作了明确规定。制定修订应急预案并加强演练成为加强应急管理工作的重要抓手和预防与应急准备的重要内容，在突发事件防控中发挥着越来越重要的基础性作用。

党的十八大以来，以习近平同志为核心的党中央更加重视公共安全与应急管理工作，作出了一系列重要指示批示，为积极推进应急管理体系和能力现代化指明了方向，提供了根本遵循。习近平总书记主持召开中央财经委员会第十一次会议强调，当前和今后一个时期，要统筹发展和安全两件大事，牢固树立底线思维，切实加强重大风险预测预警能力，有切实管用的应对预案及具体可操作的举措。党的二十大报告强调，完善国家应急管理体系是健全国家安全体系的组成部分。

《应急预案与演练》这本书正是在贯彻落实党的二十大精神和习近平总书记有关重要指示，推进应急管理高质量发展的大背景下出版的。本书在认真总结国内外相关实践经验的基础上，对应急预案与演练工作进行了系统分析，并呈现三个主要特点：一是具有系统性。本书将应急预案与演练有机结合，将理论与实践融合互动，既对应急预案进行全方位、全周期分析，又对应急演练进行全过程、立体化展示；既重视从理论层面深入分析，给人启迪，又侧重从实践层面剖析案例，深化对理论的理解。二是具有新颖性。本书学习借鉴美国、德国、日本、澳大利亚等国家应急预案与演练的先进经验和有益做法，并紧扣我国发展与安全的新形势、新风险、新挑战、新任务，开展前瞻性、探索性研究。三是具有实用性。本书既对已有主要做法与成功经验进行总结与凝练，又针对应急预案与演练的关键共性问题进行分析，直击相关领域的重点、热点与难点环节。综上所述，本书可以为有关部门和单位开展应急预案与演练工作提供有力支撑，为应急管理领域科研工作者提供学习借鉴。

当前和今后一个时期是我国各类矛盾和风险易发期，加之世界百年未有之大变局加速演变，各种可以预见和难以预见的风险因素明显增多，新时期突发事件越来越呈现复杂性加剧、损失大、影响大、防控难度加大等新特点。应急预案与演练的相关理论与实践也需要不断总结、不断发展。让我们大家共同努力，坚持系统观念，坚持改革创新，为推进我国应急管理体系和能力现代化，为建设更高水平的平安中国而努力奋斗！

原国务院参事、原国务院应急管理专家组组长

2023 年 5 月 1 日

# 序（二）

习近平总书记在党的二十大报告中从国家安全的高度对推进国家安全体系和能力现代化、坚决维护国家安全和社会稳定作出了战略部署，并对推动公共安全治理模式转型、建立大安全大应急体系提出了新的要求。事实上，无论是安全生产风险、防灾减灾救灾和重大突发事件，还是食品药品和生物安全，都直接关系人民群众生命健康和安居乐业，而影响公共安全的各种因素又是相互作用和相互交织的。因此必须坚持安全第一、预防为主，推动公共安全治理模式向事前预防转型。其中，应急预案与演练工作不仅是重要的一环，也是重要的基础工作。国务院印发的《“十四五”国家应急体系规划》就完善预案管理机制、加快预案制修订、加强预案演练评估明确了具体要求、作出了具体安排。

平时多流汗，战时少流血。应急预案与演练是提高应对突发事件能力、减少和避免生命财产损失的重要手段，二者相辅相成。应急预案为应急演练的开展提供指导，而演练过程是对应急预案的全面检验，通过应急演练可以发现应急预案存在的不足并加以改进。本书作者基于自身扎实的理论功底与雄厚的实践基础，围绕应急预案与演练进行了系统梳理与分析。一是阐明了应急预案的概念、特点、分类、功能、进展与趋势，讲述了应急预案编制的目标、要求、原则与重点，明确了应急预案行动手册编写的基本规则与关键内容，分析了智慧型应急预案的基本架构、执行流程并举例论证，指明了应急预案管理与监管的要求、程序、方式与要点。二是梳理了应急演练的概念、形式、发展趋势与作用，剖析了应急演练前期工作所包含的成立机构、制订计划、设计方案、动员培训、保障措施等内容，阐述了应急演练预演与实施的关键内容并提出了未来应急演练实施方式的发展趋势，明确了应急演练总结与评估的程序、内容、方法、实施流程等。

本书作者勇于思考、敢于创新、勇于探索、善于总结的科学精神令人佩服、值得鼓励。本书的出版恰逢其时，可为新时代进一步做好应急预案与演练的相关工作提供科学参考，并为推进我国应急管理体系和能力现代化提供技术支撑。希望本书能为我国众多从事应急管理事业的技术与管理工作者，以及相关专业的专家和学者提供借鉴。

特为之序。

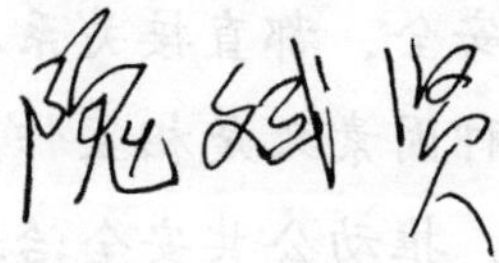

浙江大科技与产业文化研究中心常务副理事长、教授

2023 年 4 月于杭州

# 前　　言

2019年11月，中共中央政治局就我国应急管理体系和能力建设进行第十九次集体学习，习近平总书记在主持学习时强调，要加强应急预案管理，健全应急预案体系，落实各环节责任和措施。同时，要求开展常态化应急疏散演练。习近平总书记的重要讲话从战略和全局高度分析了应急预案与演练在应急管理体系和能力建设中的重要地位，明确了应急预案与演练的目标要求，具有很强的思想性、针对性、指导性，为做好应急预案与演练工作提供了根本遵循。

为学习贯彻以习近平同志为核心的党中央关于应急预案与演练的系列决策部署，推进我国应急管理体系和能力现代化，本书编委会编写了《应急预案与演练》一书。

全书共分九章：第一章“应急预案概述”讲述了应急预案的概念，分析了应急预案的特点，梳理了应急预案的分类，阐述了应急预案的功能和应急预案的研究进展与发展趋势等内容，并针对当前应急预案存在的问题提出了建议。第二章“应急预案编制”阐述了应急预案编制的目标与依据，提出了应急预案编制的总体要求，明确了应急预案编制的基本原则，并给出了应急预案编制大纲。第三章“应急预案行动手册编制”明确了应急预案行动手册的编写总则，介绍了应急预案行动手册的组织指挥体系和主要职责，分析了预防预警机制包含的主要内容，阐述了应急保障的重点工作，提出了后期处置的关键任务内容。第四章“智慧型应急预案建立”梳理了智慧型应急预案的特点与优势、应用范围及发展趋势，介绍了智慧型应急预案的基本架构和执行流程，并分析了实施案例。第五章“应急预案管理与监管”分析了应急预案评审与备案的程序和要求，剖析了应急预案的宣传与培训的要点及方式方法，研究了应急预案的责任体系和奖励与责任追究办法，讨论了应急预案的评估方法和修订流程。第六章“应急演练概述”阐述了应急演练的概念，明确了应急演练类型与形式，分析了应急演练的重要作用，梳理了国内外应急演练经验，研判了应急演练的发展趋势，剖析了存在的主要问题，并提出了完善建议。第七章“应急演练前期工作”分析了应急演练的组织机构框架，阐述了应急演练计划包含的主要内容，明确了应急演练方案的设计流程与核心内容，梳理了演练动员与培训的基本工作，明确了应急演练保障的重点任务。第八章“应急演练实施”阐述了预演的相关工作，分析了应急演练的实施要点和实施方式的发展趋势。第九章“应急演练总结与评估”阐述了应急演练总结与评估的基本流程和具体工作内容，分析了应急演练的评估内容和主要方法，明确了评估实施、报告编制与发布的基本任务。

本书的研究与撰写工作历时一年半，经历了整体框架研究与制定、文献资料挖掘与分析、领域研讨与咨询、章节分工起草与撰写、同行专家审阅与修改、书稿汇总编排与统改、咨询专家评议与审阅、整体综合修改与完善等阶段，持续不断的咨询、研讨和修改工作贯穿始终。其间，编委会召开不同范围、多个层次、各种类型的研讨会、咨询会、审稿会数十次，及时设计篇章框架、凝练主要观点、讨论研究成果、协调工作进展、研究咨询意见、明确修改要求，保障全书编撰工作的顺利推进。

本书初稿形成之际，正值党的二十大胜利召开。党的二十大提出坚持安全第一、预防为主，建立大安全大应急框架，完善公共安全体系，推动公共安全治理模式向事前预防转型。应急预案与演练是应急管理工作中“防”的重要组成部分，对于提高应急处置能力、提升应急管理水平、最大限度降低各类突发事件的影响和危害都至关重要。编委会深入学习领会党的二十大精神，对标党的二十大作出的战略部署、提出的目标任务，对全书相关内容进行了系统修改和充实，努力体现以党的二十大精神统领应急预案与演练相关工作的根本要求。

围绕“应急预案与演练”的研究撰写是一项富有挑战性的工作。全体编研同仁以参与该工作为光荣使命和神圣职责，也深知这一任务的艰巨性和面临的诸多困难与挑战，大家分工协作、深耕细耘、反复研讨、数易其稿，倾注了很多心血，付出了巨大努力，个中甘苦，如鱼饮水冷暖自知。但毋庸讳言，我们的研究工作仍需深入，不当之处敬请广大读者指正，期待今后修改完善。

值本书付梓之际，谨向所有参加研究编撰工作的同仁，向对研究编撰工作给予热情关心和指导的各位领导与专家，表示衷心的感谢，并致以崇高的敬意！

本书编委会

2023年3月

# 目 次

# 第一章 应急预案概述

我国系统性开展应急预案编制起源于2003年“非典”之后，“非典”的应对处置实践表明了编制应急预案的重要性，更增强了全社会对应急预案编制和规范应急处置流程重要性的认识。2005年1月26日，国务院第79次常务会议通过了《国家突发公共事件总体应急预案》，并于2006年1月8日发布并实施，对突发公共事件进行了分类。2006年，国务院出台《关于全面加强应急管理工作的意见》，在全国部署开展各类应急预案的编制工作。

党中央、国务院历来高度重视应急管理工作，党的十八大以来，以习近平同志为核心的党中央对应急管理工作作出整体谋划和顶层设计。2013年11月，党的十八届三中全会提出“健全公共安全体系”，标志着中国应急管理进入公共安全体系建设的新阶段。2018年3月，中央确立了总体国家安全观基础上的应急管理体制，成立了中华人民共和国应急管理部，标志着我国开始建立由一个核心部门进行总牵头、各方协调配合的应急管理体制。同时，全国人大常委会修改颁布《中华人民共和国安全生产法》《中华人民共和国消防法》，正在修改《中华人民共和国突发事件应对法》及其配套法规，相应的省（自治区、直辖市）、设区市和县（市、区）组建应急管理部门，并出台“三定方案”。2019年11月29日，中央政治局就我国应急管理体系和能力建设进行第十九次集体学习，习近平总书记在主持学习时强调，要充分发挥我国应急管理体系特色和优势，积极推进我国应急管理体系和能力现代化。2022年2月14日，国务院印发《“十四五”国家应急体系规划》，对“十四五”

时期安全生产、防灾减灾救灾等工作进行了全面部署。

应急预案在应急准备与应急响应工作中发挥着引领作用，是开展应急管理工作的重要抓手。《中华人民共和国突发事件应对法》规定应急预案制定机关应当根据实际需要和情势变化，适时修订应急预案。本章概述了应急管理和应急预案的概念，分析了应急预案的特点，梳理了应急预案的分类，阐述了应急预案的功能和应急预案的研究进展与发展趋势等内容，并针对当前应急预案存在的问题提出了建议。

## 第一节 应急预案的概念与特点

### 一、应急管理的概念

联合国国际减灾战略署（UNISDR）将应急管理定义为对资源和责任的组织和管理，以应对紧急情况的各个方面，尤其是准备、响应和早期恢复阶段。应急管理的过程包括预防与应急准备、监测与预警、应急处置与救援、事后恢复与重建四个环节。

### 二、应急预案的概念

应急预案指各级人民政府及其部门、基层组织、企事业单位、社会团体等为依法、迅速、科学、有序应对突发事件，最大程度减少突发事件及其造成的损害而预先制定的工作方案。应急预案是为了更好地处置突发事件服务的，是一个提前准备和专项处置的预备过程，目的是当遇到紧急情况时的预警反应和救援活动能够有序的按计划进行，开展最有效的应对工作。应急预案在应对突发事件的过程中发挥着极为重要的作用，通过对突发事件进行一系列风险分析评估、应急资源调查和应急能力评估，使得相关部门在面对各种突发事件时具备良好的应对能力，从而降低事故造成的人身危害与财产损失。

## 三、应急预案的特点

（一）针对性

应急预案的应用对象是突发事件，因此具有极强的针对性。应急预案是针对可能发生的自然灾害、事故灾难、公共卫生事件、社会安全事件等突发事件而预先制定的行动方案。

（二）权威性

应急预案一般由各级政府及其部门等行政机关颁布施行，是政府的施政措施，体现法律法规要求。因此，应急预案具有突发事件应对与处置的权威性，对突发事件应对工作具有强大的约束力。

（三）可操作性

应急预案的可操作性是应急预案发挥作用的关键，也是应急预案制定的目的，不具有可操作性的应急预案不能称之为真正的预案。在突发事件的实际处置中需要的是能够应用于实际应急处置的预案，检验一个预案是否可行，最重要的衡量标准必然是是否具有良好的可操作性。

（四）实用性

应急预案中所规定的预防应急处置的计划和方法，既体现了历史经验和理论概括，又包括了科学分析和成功做法。应急预案明确了在突发事件发生之前、发生过程中、结束之后，谁负责做什么、何时做，以及相应的策略和资源准备等，对应急工作的开展具有实际可行的指导作用。

# 第二节 应急预案的分类

## 一、自然灾害类

自然灾害主要包括水旱灾害，台风、冰雹、雪、沙尘暴等气象灾害，火山、地震灾害，山体崩塌、滑坡、泥石流等地质灾害，风暴潮、海啸等海洋灾害，森林草原火灾和重大生物灾害等。国务院已发布5件自然灾害类突发公共事件专项应急预案，包括国家自然灾害救助应急预案、国家防汛抗旱应急预案、国家地震应急预案、国家突发地质灾害应急预案、国家森林火灾应急预案。自然灾害类应急预案通常包括预案总则、组织体系、应急准备、预防和预警机制、应急事件分级、应急响应、应急保障、灾后救助与恢复重建以及附则等主要内容。

## 二、事故灾难类

事故灾难主要包括民航、铁路、公路、水运等重大交通运输事故，工矿企业、建设工程、公共场所及机关、企事业单位发生的各类重大安全事故，造成重大影响和损失的供水、供电、供油和供气等城市生命线事故以及通讯、信息网络、特种设备等安全事故，核事故与辐射事故，重大环境污染和生态破坏事故等。国务院已发布9件事故灾难类突发事件专项应急预案，包括国家安全生产事故灾难应急预案、国家处置铁路行车事故应急预案、国家处置民用航空器飞行事故应急预案、国家海上搜救应急预案、国家处置城市地铁事故灾难应急预案、国家处置电网大面积停电事件应急预案、国家核应急预案、国家突发环境事件应急预案、国家通信保障应急预案。事故灾难类应急预案通常包括预案总则、组织体系、预防和预警机制、险情分级、应急响应、后期处置、保障措施以及附则等主要内容。

## 三、公共卫生事件类

公共卫生事件主要包括突然发生，造成或可能造成社会公众健康严重损害的重大传染病疫情（如鼠疫、霍乱、肺炭疽、肠出血性大肠杆菌、传染性非典型肺炎等）、群体性不明原因疾病、重大食物和职业中毒，重大动物疫情，以及其他严重影响公众健康的事件。国务院已发布4件公共卫生类专项应急预案，包括国家突发公共卫生事件应急预案、国家突发事件医疗卫生救援应急预案、国家突发重大动物疫情应急预案、国家重大食品安全事故应急预案。公共卫生事件类应急预案通常包括预案总则、组织体系、监测、预警与报告、应急响应和终止、善后处理、应急保障以及附则等主要内容。

### 四、社会安全事件类

社会安全事件主要包括重大刑事案件、涉外突发事件、恐怖袭击事件、经济安全事件以及规模较大的群体性事件等。国务院已发布 3 件社会安全事件类公共事件专项应急预案，包括国家粮食应急预案、国家金融突发事件应急预案、国家涉外突发事件应急预案。社会安全事件类应急预案通常包括预案总则、组织体系、预警监测、突发事件分级、应急响应、应急保障、后期处置以及附则等主要内容。

## 第三节 应急预案的功能

### 一、明确应急救援的范围和职责

预案编制过程中对以往灾难事故发生情况、功能区布置、自然条件、周边区域可能带来的影响进行全面分析。通过危险分析甄别本级预案应急救援的事故、区域范围；评估内部应急救援力量，明确各级职责和应急处置程序，使应急管理不再无据可依、无章可循。

### 二、建立各级部门和单位应急救援体系的衔接

根据本地区以及国家和上级机构已制定的应急预案情况，通过编制应急预案，建立本级预案的指挥调度、协调沟通、上传下达等的衔接机制，使各地区、各专业应急管理体系能够相互衔接、构成有机的整体，可以确保当发生超过本级应急能力的重大事故时与有关应急机构的联系

和协调。应急管理部门要做好应急预案衔接工作，理顺相关部门的职能，实现部门之间资源和力量的合理部署，减少因为多个部门参与以及“防”“救”分开带来的职责交叉情况，增加应急管理“防”“救”部门的系统性、整体性和协同性。

### 三、作出及时有效的应急响应

应急救援响应机制是国家应急体系运行的重要基础，是保证应急救援活动快速、有效的技术关键，而该机制高效发挥作用的基础就是应急预案。应急行动对时间要求十分敏感，处置的拖延极有可能造成更大的损失。应急预案明确了应急各方主要职责和响应程序，在应急资源等方面进行先期准备，可以指导应急救援迅速、高效、有序地开展，减少应急处置展开的时间，将事故造成的人员伤亡、财产损失和环境破坏降到最低限度。

### 四、提高风险防范意识

应急预案的编制、评审、发布、宣传、演练、教育和培训，有利于各方了解面临的重大事故及其相应的应急措施，从而能够提高认识，主动熟悉本辖区基本情况、力量部署、抢险对策、注意事项等，促进各方提高风险防范意识和能力。应急预案体系不仅在政府内部推动和加强了对突发事件应急管理的重视程度和相关应急组织指挥体系的建设，通过媒体对应急预案体系的报道也使得公众对政府应急管理有所了解，提升了全社会的风险意识和对应急管理的认知水平。

### 五、指导开展演练工作

预案是各类应急演练的基础。在演练中，要根据预案规定的组织职责、应急事件处置流程和其他要求，确定演练目的、原则、规模、参演的单位，制定演练实施计划、情景设计与处置方案，协调各参演单位之间的关系，组织演练准备与实施工作，解决准备与实施过程中所发生的问题。

## 第四节 国内外应急预案实践进展

### 一、国内应急预案实践进展

新中国成立以来，我国应急预案体系经历了“从无到有”“从有到全”再到“从全到优”的发展历程，实现了里程碑式的历史跨越发展。我国的应急预案框架体系是在立足中国国情、认真总结实践经验、吸收借鉴国外成熟做法、广泛听取各方面意见的基础上形成的。伴随着我国经济社会快速发展，公共管理体制不断改革创新，在此过程中，我国应急预案的实践进展可以分为四个阶段。

#### （一）第一阶段（新中国建立至2002年）

新中国建立以后，我国政府高度重视防灾减灾、安全生产、公共卫生等领域工作，成立专门工作机构，编制相应的规章制度、工作方案与规划，成为应急预案的萌芽形式。20世纪80年代以后，我国有关部门开始制定出台部门性应急预案。水利、林业、地震、国防科工等部门借鉴国际同行经验，编制了防御洪水方案、森林火灾事故预案、破坏性地震应急预案、核应急计划等。这一时期，我国应急预案虽然在地震应急和安全生产管理等领域已经有所应用，但仍局限于局部区域、部分行业，应急预案本身并没有“横向到边、纵向到底”地形成体系，应急预案体系也未与应急体制、应急机制、应急法制共同形成综合应急管理体系。

#### （二）第二阶段（2003—2007年）

2003年的“非典”（SARS）事件对中国政府应对突发事件的能力提出了严峻挑战，不仅开启了我国应急管理体系建设进程，也推动我国应急预案体系建设进入快速发展阶段。2003 年 7 月，在全国防治“非典”工作会上，党中央、国务院系统总结应对处置“非典”事件的经验教训，第一次明确提出要重视政府非常态管理。同年 11 月，国务院组建突发公共事件应急预案工作小组，以应急预案编制工作为抓手，不断推动我国应急预案体系建设。2006 年，国务院出台《关于全面加强应急管理工作的意见》，召开第二次全国应急管理工作会议，审议通过《“十一五”期间国家突发公共事件应急体系建设规划》，明确要求各地加强应急预案体系规划建设与政府管理，在“十一五”期间建成“覆盖各地区、各行业、各单位的应急预案体系”。这一时期取得的突出成就是建立了成体系的“一案三制”（即应急预案、应急工作体制、机制和法制），嵌入原有的部门机构，作为不同层级和职能部门的行动指南和标准。

（三）第三阶段（2008—2017 年）

我国围绕着“一案三制”为核心而建立起来的应急管理体系在 2008 年大雪灾应对行动中发挥了重要作用，然而也暴露出一些不足和薄弱环节。国务院着手筹备修订应急预案，应急预案朝着完备性、预见性、可操作性和无缝衔接进行战略转移。2012 年 2 月，针对应急预案体系建设中存在的若干问题，国务院应急办在全国范围内开展大规模的专题调研活动，多次召开省级应急办主要负责人会议以及国家部委与专家座谈会，并于 2013 年 10 月以国务院办公厅的名义印发《突发事件应急预案管理办法》，明确规定应急预案的概念、分类与编制程序等内容，优化现有应急预案体系。这一时期，我国逐渐形成了以《中华人民共和国突发事件应对法》为中心，各单项法律法规相配套的应急法制体系；以国家应急预案为最高级，各地方、企事业单位预案为分支的应急预案体系；构建起了预防监测、应急响应和处置、善后救助恢复等环节的应急管理机制。

（四）第四阶段（2018 年至今）

2018年3月，全国人大审议通过了组建应急管理部的决定，标志着应急管理体制建设迈入了新的发展阶段。2019年11月，习近平总书记在主持中央政治局第十九次集体学习时强调，要加强应急预案管理，健全应急预案体系，落实各环节责任和措施。同年，应急管理部启动了《国家突发公共事件总体应急预案》修订工作，为全国各级应急预案修订提供了指引。《“十四五”国家应急体系规划》指出要强化应急预案准备：完善预案管理机制、加快预案制修订、加强预案演练评估。新形势下，为推动应急管理体系和能力现代化，应急预案向整体规划、协同联动、系统保障方向不断迈进。

## 二、国外应急预案实践进展

应急预案的概念提出后，各国从理论和实际两个维度对其开展了相关研究工作。在长期的应急管理实践中，发达国家逐步形成了一套相对科学的“战略级-行动级-战术级-现场级”四级预案体系架构，兼顾了宏观、中观和微观不同层面应急管理工作的要求。美国、日本等发达国家在20世纪90年代就颁布了一系列应急预案编制、审定以及实施指南。预案内容详细具体，涉及分类、使用和修订等各个环节，覆盖行业领域广，可操作性强。

从世界范围内看，美国在突发事件应急方面的技术和设备较为先进，应急救援标准建设较为完善。1992年，最早颁布的《联邦响应预案》是作为联邦政府应对突发事件的应急预案，编制和适用主体均是联邦政府。2004年，《国家响应预案》取代了《联邦响应预案》，实施主体从联邦到国家，体现了美国将全国应急管理工作进行整体考虑的变化，为全国应急管理工作的统一奠定了基础。2008年，《国家应急响应框架》取代了《国家响应预案》，明确应急相关方、响应流程、组织设置及职责、预案的功能类别等内容，名称从应急预案到应急框架，将应急预案彻底变成了一个全国应急管理工作的规范性指南，强调全国应急工作的规范和协同，标志着美国将应急管理的核心从事后应对转变为应急准备。美国经过长期的应急管理理论研究和大量的实践经验积累，逐渐形成了一套预案体系，可以归纳为如下5个层级：基本战略规划（预案总方针）、全国准备框架（预案和相关管理工作的指导性文件）、联邦跨部门行动预案、联邦部门行动预案、地方行动预案。《全国准备系统》要求所有的预案要上下左右相互衔接，形成一个整体。

日本是一个世界公认的自然灾害多发国家，日本一直以来就非常重视应急管理的发展建设。在日本，应急预案习惯上被称为防灾计划。目前，日本已经形成了自上而下结构清晰的防灾计划体系。日本的应急预案包含三个层面：一是中央防灾计划，是中央政府最高层面的应急预案，主要定位于确定防灾基本规则、防灾体制机制和灾后重建原则，侧重于对长期应急预案的规划，并对下一级的防灾计划进行框架设定。二是应急预案业务计划，由日本中央政府的各个省厅制定实施。三是地方政府应急预案，也称地区防灾计划，主要由日本的都道府县地方防灾会议和市町村防灾会议制定。

德国从联邦到各州都编制了应急预案。在联邦层面，2002年12月6日通过的《德国民事保护新战略》，明确由联邦和各州共同担负消除严重危险的责任。各州也结合各自情况制定了州级灾难救助预案，还针对具体事件制定了专项预案。企业也结合自身特点制定了预防火灾、恶性事故等方面的应急预案。大型活动以及高校、商场、影院等公共场所也都有应对突发事件的预案。这样也就形成了覆盖面广、数量多的应急预案体系。德国对应急预案实行严格的管理，应急预案要报上级有关部门审批同意后方可实施。同时，对应急预案实行动态管理，每次演练和应急处置过程中，都有专家跟踪考察，根据相应情况组织修改和完善。

自20世纪80年代起，澳大利亚政府重视紧急事务管理，把综合防灾减灾与危机管理结合起来，并将紧急事务管理界定为通过计划、组织和安排，对机关、团体组织和其他个人的资源进行统筹协调，以促进与紧急事件或与紧急事件危险相关的预防、准备、响应和恢复工作。澳大利亚建立了一套应急预案体系，并经过多次实践检验逐渐完善。一是国家通过制定总体预案、专项预案，将法律规定的政府各部门之间、上下级政府之间的应急救援职责予以细化，并明确相互之间的运行机制和具体任务。二是州（市）和地方政府也根据总体预案的要求，制定应急预案或具体应急实施方案。三是消防、交通、救护等应急处置单位都制定了具体而又详细的应急行动方案。这三个层面的应急预案，既解决了全局性和原则性的问题，又具有非常强的针对性和操作性。

## 三、现代应急预案的发展趋势

### （一）应急预案数字化

随着高新技术的飞速发展，新的技术手段将广泛使用在各类应急预案建设中。数字化预案的发展将更加智能化和实时化。GPS 技术、地理信息系统技术、物联网技术等现代化定位跟踪技术综合运用，将开发出更加精确的突发事件监测和参数提取技术手段，实现对各类风险源和应急资源信息的实时动态跟踪。同时，建立完备的应急知识和应急案例数据库，将应急处置常识按照突发事件发生演化的时间顺序和不同应急阶段的特征进行顺序分条存储。运用智能化技术建立应急处置推理机制，分析突发事件发展的某个阶段所应采取的应急处置措施。

### （二）应急预案结构化

目前的预案结构化探索多专注于预案内容的结构化。将内容丰富的预案进行简化，即在原有预案的基础上，将原预案结构化成应急流程，在这些流程下，匹配相应的应急任务或应急注意事项。在此基础上，应急预案结构化呈现出新的发展趋势：一是预案类型的结构化，针对自然灾害、事故灾难、公共卫生事件和社会安全事件等不同突发事件类型编制相应的应急预案。二是不同主体的结构化，明确各级人民政府及其部门、基层组织、企事业单位、社会团体、公众等不同主体在预案中的定位和职责。三是不同工具的结构化，充分运用法律、行政、市场、公众参与等各种方式确保预案科学有效。

（三）应急预案可视化

以往的应急预案通常是以纸质文本或电子文本的形式存放于档案柜或电脑储存介质中，存在包含信息量少，表现力扁平且无法描述动态化的应急力量资源等问题。可视化预案是在结构化预案的基础上，将与事件处置相关的信息，尤其是与地理系统相关的信息，根据应急规范、处置流程、事件要素等规则，构成直观的可视化预案形式。可视化预案将应急资源、灾情模拟、部署方案等内容直观的在平台上展现，能够更好地辅助应急方案制定及后续的复盘工作。

（四）应急预案智能化

进入21世纪以来，随着新型工业化、信息化、城镇化、全球化进程的交汇演进，突发事件及其风险日益表现出明显的复杂性和不确定性。智能化应急预案能够预测灾害发展趋势和危害范围，评估现有资源，从而给出合理方案，成为当前应急预案的发展趋势。探索智能化应急预案需要综合运用各项智能化科技，建立完备的应急知识和应急案例数据库，开发集成风险管理、事件模拟、预测预警、决策支持、物资管理等功能的智能化预案系统。

## 第五节　我国应急预案存在的问题

### 一、预案编制同质化有待改进

当前，有关各方编制的应急预案存在同质化现象，未能突出不同区域、行业及突发事件类型的个性特点，科学性和动态性存在不足。不少基层单位从指导原则、职责划分、响应措施、队伍建设等各方面全盘照抄照搬上级预案。通过分析国家总体预案、专项预案以及省级总体预案的相关内容，可以发现我国应急预案“内容有着很高一致性”。

## 二、预案间的衔接性有待提升

在某个突发事件的处理过程中，往往会涉及各种大大小小的预案。例如，由雷雨天气造成某化工区生产企业储罐损坏、有毒化学品泄漏、有毒物质挥发扩散这样多类型复合突发事件，在处理此类突发事件时，涉及突发环境事件应急预案、安全生产事故灾难专项预案、气象灾害应急预案、危险化学品事故应急预案、环境污染应急预案、人口疏散应急预案等多个预案。在突发事件发生后，各部门间难以做到第一时间全面信息共享。各部门按既有预案执行时，往往衔接性不够，导致应急救援过程中的指挥协调工作难度较大，影响救援效率。

## 三、预案智能化水平有待提升

21 世纪以来，以网络病毒、舆情危机为主要代表的自反性科技风险频繁出现，造成了难以估量的损失与社会集体性恐慌。传统的安全管理方法已经无法适应快速变化的现代公共安全风险，迫切需要智能硬件科技的创新管理。应急预案的智能化作为提升应急预案实用性和可操作性重要一环，尚未实现真正意义上的数字化或智能化，基本停留在概念层面，主要用于内容展示、数据存储、视频监控调度，没有真正发挥辅助指挥决策的作用，距离智能化实际应用还有一定的距离。由于我国关于应急管理理论与技术的研究起步较晚，当前应急预案数字化、智能化的基础比较薄弱，相关资源数据的支撑、应用系统的开发和专业人才的培养等方面都还有待完善。

## 四、培训及演练方式有待优化

应急演练是检验预案是否有效适用的重要手段，是提升应急管理人员对突发事件处理经验和应对能力的途径。通过开展定期演练，能够使领导干部和各方应急管理人员深入应急管理情境，切实了解自己所处的岗位职责和各自所应承担的角色、任务，提升各方依法依规、科学有序化解和处置风险的能力。当前，许多预案被束之高阁，缺少定期的演练，也难以从中发现问题而开展评估和及时完善。除了消防、公安等特殊部门经常开展系统内部演练之外，大多数专项预案、部门预案都缺乏真正意义上的模拟操演，缺乏按照应急预案的指导而规范开展的针对性训练。部分应急演练也流于形式，或者仅具有展示性、观赏性，或者是为了应付上级导致演练活动的组织规范、执行力度、演练程序都大打折扣。

## 第六节 完善应急预案的建议

### 一、应急预案编制坚持差异化

预案建设初期普遍出现“上下一般粗”等现象，这主要是下级部门在缺少经验与参照物、人力投入不足等约束条件下作出风险最小化路径选择的制度产物。为此，要坚持差异化原则和“底线思维”，加强科学定位与规划，构建层次分明、类型齐全的立体化应急预案体系，以适应不同地方与部门应急管理工作的特色需要，减少与避免预案内容雷同现象。首先在纵向上，不同层级的部门与专项应急预案内容要有所侧重，国家和省级层面强调指导性，市县级层面突出属地管理要求，乡镇街道层面结合当地实际突出先期处置特点，提高不同层级政府部门应急预案的适应性。其次在横向上，要将辖区内的重要目标物保护、重大活动保障和应急资源保障等专项工作纳入专项应急预案内容，充实本地区、本部门应急预案体系。

### 二、加强预案之间的协调衔接

政府部门之间的沟通协作关系对于提高应急响应的灵活性至关重

要。各部门在制定应急预案时，应找准预案定位，并加强各部门间的沟通。发生紧急情况时，依托信息共享平台，尽快共享真实有效的事件信息，有效实施应急联动。在编制预案时，要注重复合事件处置特点，在预案中设置接口，明确相关预案的启动条件和响应机制，确保指挥权限、物资调运、队伍支持等关键任务和环节的协调一致。同时，可以建立应急预案库，将本地区所有应急预案集中在一个应急预案库中，方便调用和查询，实现查询与决策的结合，确保在第一时间定位并查询相关事故的应急预案。

## 三、推进应急预案智能化发展

探索应急预案的标准化、电子化，建立预案电子库，逐步推动预案数字化、智能化发展，实现预案查阅、预案管理、智能决策、信息提示、指挥调度、指挥交互、复盘总结、应急演练等功能。通过综合运用地理信息系统、灾害预测与演变模拟技术、3D 图像显示技术等智能化科技，模拟应急处置方案的启动与运行并不断改进应急预案，实现应急预案设立、应急预案内容和应急预案管理的智能化。根据灾害事件的发生发展机理和案例库，实现利用计算推理方式预测灾害发展趋势和危害范围，评估当前资源，从而生成处置方案、力量部署方案、资源调配方案、决策方案等的目的。

## 四、加强预案宣教培训及演练

落实应急预案宣教培训及演练等实施工作。一方面，重视应急预案在干部应急能力建设中的作用，加强应急预案的教育培训，提升干部的风险防范意识，强化其对应急管理中的岗位职责、工作任务、处置方式等知识和能力的掌握。加大应急预案的演练力度，实施跨部门、跨区域的多层次综合演练。建立符合本地实际的典型突发事件情景，加强应急预案演练，在演练中锻炼各部门和各应急力量间的协同合作，增强干部复杂交叉情境下的应急协调、决策能力，优化资源整合与调配，提高演练水平，使预案的各项内容和程序深入人心，并有效转化为应急管理技术能力。同时，演练结束后做好相关总结。另一方面，加大对非涉密应急预案的公开度、透明度，对公民进行应急预案的宣传教育，拓展宣传形式，拓宽宣传范围，建立线上线下多种宣传平台，扩大公民的互动参与。加强社会安全教育，培养民众风险意识，传输应急知识、逃生技能、急救常识，引导公民正确开展自救与互救，提高全民应对风险能力。

# 第二章 应急预案编制

应急预案是应急管理的重要手段。应急预案确定了应急救援的范围和体系，使应急管理有据可依，有章可循；应急预案明确了预警与应急响应等级，使应急管理更为规范、清晰和高效；应急预案规定了应急处置的流程和措施，使应急管理更为规范化、程序化、科学化。

本章阐述了应急预案编制的目标与依据，提出应急预案编制的总体要求，明确应急预案编制的基本原则，并给出应急预案编制大纲。

## 第一节 应急预案编制的目标与依据

应急预案的编制目标：通过应急预案的编制，明确应急人员各自的任务和责任，使应急准备更加合理，确保应急行动的高效开展；促进有关各方了解面临的重大灾害、事故风险及其相应的应急措施，提高灾害、风险防范意识和能力，从而将突发事件的损失降到最低。

应急预案编制的主要依据见表 2-1。

表 2-1 应急预案编制的主要依据

| 文件名称 | 发布部门 | 发布日期 | 效力级别 |
|---|---|---|---|
| 《中华人民共和国突发事件应对法》 | 全国人大常委会 | 2007-08-30 | 法律 |
| 《中华人民共和国防震减灾法（2008 修订）》 | 全国人大常委会 | 2008-12-27 | 法律 |
| 《中华人民共和国环境保护法（2014 修订）》 | 全国人大常委会 | 2014-04-24 | 法律 |
| 《中华人民共和国防洪法（2016 修正）》 | 全国人大常委会 | 2016-07-02 | 法律 |

表 2-1（续）

| 文 件 名 称 | 发布部门 | 发布日期 | 效力级别 |
| --- | --- | --- | --- |
| 《中华人民共和国气象法（2016 修正）》 | 全国人大常委会 | 2016-11-07 | 法律 |
| 《中华人民共和国森林法（2019 修订）》 | 全国人大常委会 | 2019-12-28 | 法律 |
| 《中华人民共和国草原法（2021 修订）》 | 全国人大常委会 | 2021-04-29 | 法律 |
| 《中华人民共和国安全生产法（2021 修正）》 | 全国人大常委会 | 2021-06-10 | 法律 |
| 《生产安全事故报告和调查处理条例》 | 国务院 | 2007-04-09 | 行政法规 |
| 《森林防火条例（2008 修订）》 | 国务院 | 2008-12-01 | 行政法规 |
| 《中华人民共和国防汛条例（2011 修订）》 | 国务院 | 2011-01-08 | 行政法规 |
| 《生产安全事故应急条例》 | 国务院 | 2019-02-17 | 行政法规 |
| 《自然灾害救助条例（2019 修订）》 | 国务院 | 2019-03-02 | 行政法规 |
| 《国家突发公共事件总体应急预案》 | 国务院 | 2006-01-08 | 国务院规范性文件 |
| 《突发事件应急预案管理办法》 | 国务院 | 2013-10-25 | 国务院规范性文件 |
| 《关于人民法院预防和处理执行突发事件的若干规定》(试行) | 最高人民法院 | 2009-10-01 | 司法解释性质文件 |

## 第二节　应急预案编制的总体要求

### 一、指导思想

以习近平新时代中国特色社会主义思想为指导，把握应急管理工作要点，以防范化解重大安全风险为主线，以应急预案为抓手，紧紧围绕建设更高水平的平安中国这一总目标，依法依规，紧密结合实际，合理并有针对性地编制应急预案，最大限度降低损失，全力保护人民群众生命财产安全和维护社会稳定。

## 二、工作要求

应急预案是应急管理的基础性工作。应急预案要对应急组织体系、职责、人员、技术、设备、物资、救援行动及指挥与协调等预先作出具体安排，明确突发事件发生前、发生时、发生后，谁来做、做什么、何时做、怎么做以及处置方法和资源准备。一是要遵照相关法律、法规、标准、政策等的要求编制应急预案，做到于法有据、格式规范、科学合理。二是从应急管理领域急迫需要和长远需求出发编制应急预案，真正解决现实问题。三是在编制应急预案过程中应基于自身实际，广泛吸收、借鉴国内外先进经验。四是应急预案应具备科学性，符合应急管理领域的基本原理。五是应急预案要兼具可操作性和成本可控性，既合理可行，又不显著增加综合成本。

## 三、适用范围

根据应急资源和突发事件应对能力，确定编制适用不同级别、不同层次的应急预案。适用范围是应急预案对突发事件应对工作的基本界定，科学界定应急预案适用范围，能够保障突发事件应对工作的有效开展。预案的适用范围应考虑突发事件的类型。

(1) 自然灾害类应急预案，即针对水旱灾害、气象灾害、地震灾害、地质灾害、海洋灾害、生物灾害和森林草原火灾等制定的应急预案。

(2) 事故灾难类应急预案，即针对工矿商贸等企业的各类安全事故、交通运输事故、公共设施和设备事故、环境污染和生态破坏事件等制定的应急预案。

(3) 公共卫生事件类应急预案，即针对传染病疫情、群体性不明原因疾病、食品安全、职业危害、动物疫情、其他严重影响公众健康和生命安全的事件等制定的应急预案。

（4）社会安全事件类应急预案，即针对恐怖袭击事件、经济安全事件、涉外突发事件等制定的应急预案。

## 四、事件分级

突发事件是指突然发生，造成或者可能造成重大人员伤亡、财产损失、生态环境破坏和严重社会危害，危及公共安全的紧急事件。根据突发公共事件的发生过程、性质和机理，突发公共事件主要分为自然灾害、事故灾难、公共卫生事件、社会安全事件四类。

各类突发事件按照其性质、严重程度、可控性和影响范围等因素，一般分为四级：Ⅰ级（特别重大）、Ⅱ级（重大）、Ⅲ级（较大）和Ⅳ级（一般）。以特别重大、重大水旱灾害所包括内容为例进行说明。

### （一）特别重大水旱灾害

（1）一个流域发生特大洪水，或多个流域同时发生大洪水。

（2）大江大河干流重要河段堤防发生决口。

（3）重点大型水库发生垮坝。

（4）洪水造成铁路繁忙干线、国家高速公路网和主要航道中断，48 小时无法恢复通行。

（5）多个省（区、市）发生特大干旱。

（6）多个大城市发生极度干旱。

### （二）重大水旱灾害

（1）一个流域或其部分区域发生大洪水。

（2）大江大河干流一般河段及主要支流堤防发生决口或出现重大险情。

（3）数省（区、市）多个市（地）发生严重洪涝灾害。

（4）一般大中型水库发生垮坝或出现对下游安全造成直接影响的重大险情。

（5）洪水造成铁路干线、国家高速公路网和航道通行中断，24 小时无法恢复通行。

(6) 数省（区、市）多个市（地）发生严重干旱，或一省（区、市）发生特大干旱。

(7) 多个大城市发生严重干旱，或大中城市发生极度干旱。

## 第三节　应急预案编制的基本原则

### 一、合法性原则

应急预案编制依据要合法。预案的编制依据、方针与原则、启动程序、救援方案以及所涉及内容等要符合《中华人民共和国突发事件应对法》等有关法律、法规、规章和标准，以及有关部门和上级单位规范性文件的要求。既要考虑突发事件应对工作的基本规范，也要考虑行业领域的专项法规。因此，从预案的编制到修订、备案，都要得到明确规范。

### 二、完整性原则

应急预案的内容不仅要具备对突发事件的预测、辨别、应急的功能，还要具备对其后果进行评估的功能，并充分结合风险分析与应急资源调查，按照现有的资源和职能分工来进行设计，既要考虑到社会经济发展的实际情况，也要适当超前设计相关内容。应急预案体系必须具备一定的前瞻性，也应具备能够正确指挥和协调应急救援行动的能力，统筹协调应急救援中可用的人员、设备、设施、物资、经费保障和其他资源，使得遇到突发事件时，能够确保人民生命和财产安全。

### 三、科学性原则

应急预案要以先进的理念和科学的理论来支撑，并且建立以人为本、生命至上的理念，科学严谨的态度，精益求精的品质，实事求是的工作作风。突发事件有很多不同的类型，往往会涉及各种领域的专业知识，因此需要邀请相关领域的专家参与应急预案的制定，既包括本单位业务领域的专家，又要包括突发事件应对专家，以及医疗、交通、公安、消防、法律等应急相关部门的主要负责人及专家。通过细致全面的调查分析，对事件的危害和风险进行分析讨论，提出科学有效的处置方案，才能确保应急预案的内容、应对处置方案的科学合理。

## 四、规范性原则

应急预案的编制与管理要规范严谨，符合应急预案管理的相关规定。应急预案的规范性表现在预案编制程序的规范、预案框架结构和体例格式的规范、预案要素的规范、应急事件处置流程的规范、预案管理与执行的规范。在应急预案编制过程中，要与相关区域、单位的实际情况紧密相连，做好充分的准备，设置完整的流程、合理的要素和规范的程序，开展风险识别和分析，制定适合本单位实际能力的应急方案，并分析其可行性，提高救援效率。

## 五、可操作性原则

应急预案应具有实用性和可操作性，即发生重大事故灾难时，有关应急组织、人员可以按照应急预案的规定迅速、有序、有效地开展应急与救援行动，降低事故损失。为确保应急预案实用、可操作，应急预案编制机构应充分分析、评估本地可能存在的重大危险及其后果，并结合自身应急资源、能力的实际，对应急过程的一些关键信息如潜在重大危险及后果分析、支持保障条件，以及决策、指挥与协调机制等进行详细而系统的描述。同时，各责任方应确保重大事故应急所需的人力、设施与设备、财政支持和其他必要资源。

## 第四节　应急预案编制大纲

### 一、总则

（一）编制目的

应急预案编制的目的是应急预案所需要解决的问题，是应急预案所要实现的目标。一般来说，不同的应急预案其编制目的也有所侧重。

（二）编制依据

应急预案编制依据是应急预案在启动和执行过程中重要的法律法规保障，是应急预案内容合法化、规范化、程序化的基本要求。编制依据一般涉及法律、法规、规范、规划、政策等。

（三）分类分级

明确预案分类的依据和准则，如突发事件的发生过程、性质和机理并且阐述各类事件的定义和内容以及列举具体事件。

明确事件分级的标准，如按照其性质、严重程度、可控性和影响范围等因素，并标注事件等级含义。

（四）适用范围

适用范围是应急预案对其适用的对象、区域、范围等作出的相关规范。应急预案适用范围应从以下几个方面考虑：

（1）从适用对象上来确定。

（2）从适用区域上来确定。

（3）从适用应急事件类别上来确定。

（4）从危害程度上确定。

（五）工作原则

应急预案的工作原则就是应急工作的原则，既要体现在党委、政府执政基础上，也要体现在以人民为中心的发展理念上；既要体现在应急准备上，也要体现在应急响应上。不同的应急预案其工作原则也有所区别。工作原则是突发事件应急准备与应急处置的基本遵循，应紧密结合工作实际，紧扣突发事件应对与处置这个主题。

（六）应急预案体系

突发事件总体应急预案应明确应急预案体系的组成，包括对突发事件总体应急预案、专项应急预案、部门应急预案、重大活动应急预案、联合应急预案等的描述，专项应急预案的组成及牵头编制单位，联合应急预案的负责单位等。突发事件总体应急预案同时还包括应急预案支撑性文件，如工作手册、事件行动方案、相关附件等。应急预案体系可以用文字表述，也可以用表格、框架图等表述。

## 二、组织指挥体系

应急组织指挥体系是突发事件应对工作的组织保障，担负着突发事件应对工作的主要责任，是应急预案的核心要素之一。应急组织指挥体系与职责着重描述突发事件应对工作的组织指挥机构、专项指挥机构、工作机构的组成与职责、任务与权限等。组织指挥体系与职责应具体明确突发事件应急准备与处置工作中“谁来做”“做什么”和“怎么做”的问题。应急预案中组织指挥体系一般分为组织指挥机构（领导机构）、专项指挥机构（应急指挥部）、成员单位、办事机构、工作机构和专家咨询机构5个层次予以表述，如图2-1所示。

## 三、运行机制

运行机制是指引导和制约决策及人、财、物相关要素、各项活动的基本准则及相应运行方式，是决定行为内外因素及相互关系的总称。突发事件运行机制是对风险防控、预测与预警、应急处置与救援、恢复与重建等应急准备与应急处置全过程的安排和规范，适用于突发事件总体应急预案，是对全局性、区域性、综合性应急工作的统筹考虑和安排，

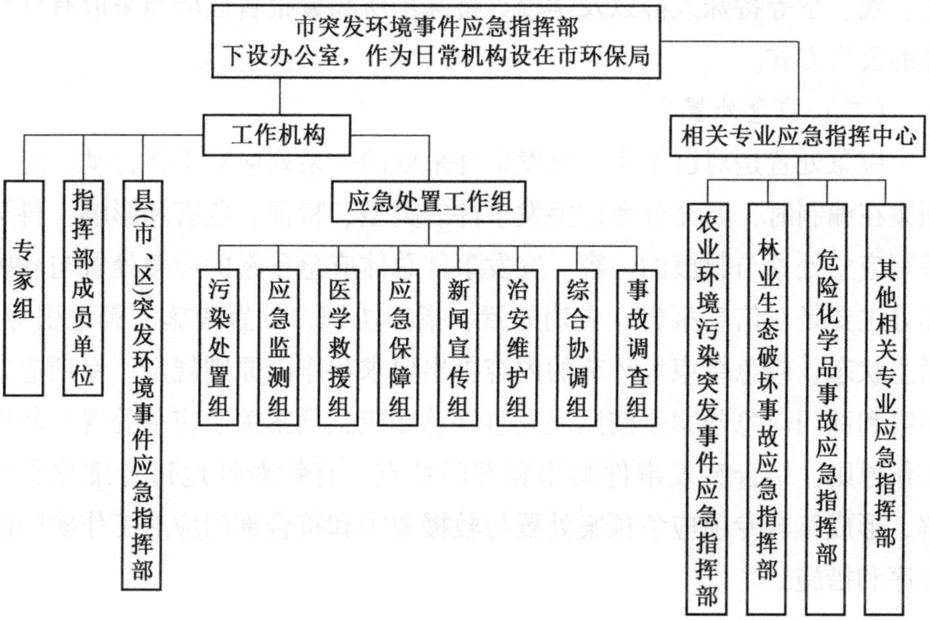


图 2-1　市级突发环境事件应急组织指挥体系示例

主要体现其综合指导和协调作用。

（一）预测与预警

各地区、各部门要针对各种可能发生的突发事件完善预测预警机制，建立预测预警系统，开展风险识别与分析，做到早发现、早报告、早处置。

根据预测分析结果，对可能发生和可以预警的突发事件进行预警。预警级别依据突发事件可能造成的危害程度、紧急程度和发展势态，一般划分为Ⅰ级（特别严重）、Ⅱ级（严重）、Ⅲ级（较重）和Ⅳ级（一般），依次用红色、橙色、黄色和蓝色表示。

预警信息包括突发事件的类别、预警级别、起始时间、可能影响范围、警示事项、应采取的措施和发布机关等。

预警信息的发布、调整和解除可通过广播、电视、报刊、通信、信息网络、警报器、宣传车或组织人员逐户通知等方式进行。对老、幼、病、残、孕等特殊人群以及学校等特殊场所和警报盲区应当采取有针对性的公告方式。

（二）应急处置

应急处置是对已发生的突发事件采取的一系列应对工作行动。应急预案在编制时，要充分考虑突发事件的类型、特征、危害和影响，科学编写应急处置与救援的内容。突发事件总体应急预案的应急处置与救援部分主要是对信息报告、先期处置、指挥协调、处置措施、舆论引导、紧急状态、应急结束等环节的内容提出要求和作出原则规定。专项应急预案和部门应急预案是按照突发事件总体应急预案关于应急处置与救援工作原则，结合突发事件类型和部门特点，有针对性地进行细化和分解，形成符合专项应急预案处置与救援要求和符合部门应对工作实际的程序和措施。

1. 信息报告

信息传递与报告是突发事件应急处置工作的基础。应急预案应明确信息获取与共享机制。

2. 先期处置

应急预案应明确突发事件先期处置的工作程序、方法和要求。

3. 应急响应

应急响应是应急预案的重要内容，需描述具体的应急处置与救援行动。根据突发事件类型的不同和部门工作职责的要求，应急预案应明确应急响应的程序、应急响应的方法、应急响应的分级、应急响应的行动、应急预案的启动、指挥与协调等内容。

4. 指挥协调

应急预案应明确指挥协调的内容、原则和要求。主要包括：按照突发事件处置需要设立应急指挥机构，明确主要负责人、组成人员及相应的职权，应急指挥机构涉及的部门（单位）及其相应的职权和义务；以突发事件应急响应过程为主线，明确突发事件发生、报告、响应、结束、善后处置等各环节的主管与协作联动部门；以应急准备及保障机构为支线，明确参与部门的职责。

5. 处置措施

应急预案应明确应急处置的基本措施，不同类别的应急预案对应急处置措施的要求也不尽相同。突发事件总体应急预案处置措施可以按照自然灾害、事故灾难、公共卫生事件、社会安全事件的分类来明确相关应急处置措施。专项应急预案可以按照突发事件的具体类型和特点去明确处置措施。

6. 应急结束

应急预案应明确应急结束的时机、条件和结束应急状态的权限等。例如，《浙江省杭州市西湖区防汛防台抗旱应急预案》中明确规定当出现下列条件之一时，西湖区防指可视具体情况宣布应急结束。

（1）市气象台正式发布解除热带风暴、强热带风暴、台风、强台风、超强台风警报信号，或热带风暴、强热带风暴、台风、强台风、超强台风已逐渐远离杭州市，对我区的降雨和风力影响减小。

（2）局地强降雨已基本停止，或全区范围内的降雨趋停，且市气象台预报未来24小时没有大雨或暴雨。

（3）钱塘江流域：桐庐站水位低于11.5 m、富阳站水位低于8.0 m，或浦阳江临浦站水位低于7.2 m，或钱塘江闻家堰站水位实测回落至警戒水位7.3以下。

（4）水利工程险情已得到有效控制。

（5）全区旱情和人畜因旱临时饮水困难得到有效缓解。

（6）地质灾害险情、灾情消除，或得到有效控制。

（7）市防指宣布应急响应结束。

（8）区防指根据预案和洪涝台旱情况决定变更或结束应急响应。

（三）恢复与重建

应急预案应明确恢复与重建或善后处置工作的内容、计划和要求。

1. 善后处置

善后处置是对突发事件应急结束或终止后，较短时间内的工作安排和要求。

2. 调查与评估

应急预案应明确调查与评估的原则、程序和方法。调查与评估主要是指在应急处置结束后，要及时查明突发事件发生经过和原因，以及突发事件的性质、影响、责任、教训等，对突发事件造成的损失进行评估，对应急处置工作进行复盘分析，总结经验教训，制定整改措施，提出报告的过程。应急预案应对调查与评估组的组成、任务和工作提出要求。

3. 恢复重建

恢复重建是对突发事件应急结束或终止后，较长时间内的工作安排和要求。

4. 信息发布

应急预案应明确突发事件信息发布的责任单位、发布范围、发布内容、发布形式、发布时限等，并对信息发布提出具体要求。

信息发布形式主要包括授权发布、散发新闻稿、组织报道、接受记者采访、举行新闻发布会等。

## 四、应急保障

应急预案应明确应急保障的内容、范围、方法、原则和要求。应急保障通常包括人力资源、财力支持、物资装备、科技支撑等方面的保障，有的应急预案中的应急保障还包括了基本生活、医疗卫生、交通运输、社会治安、网络通信、人员防护、公共设施、避难场所等方面的内容。

### （一）人力资源

主要包括参与应急处置和应急救援的力量。

（二）财力保障

应急预案对突发事件应急体系建设与突发事件应对工作经费保障原则、渠道、调拨使用等问题予以明确，落实灾害补偿和救助政策，对经费使用和效果进行监管和评估。

（三）物资保障

物资保障是突发事件应对工作的基础，应明确应急物资的生产、储备、调拨以及紧急配送等内容。

（四）基本生活保障

明确受灾群众基本生活所需的物资，涉及衣食住行等方面的安排。

（五）医疗卫生保障

明确卫生部门的职责，以及特殊情况下组织社会卫生力量参与救援的程序和内容。

（六）交通运输保障

明确应急交通工具的安排以及征用社会交通工具的程序。

（七）治安维护

明确重点地区、重点场所、重点人群、重要物资与设备的保护措施，并说明如何维持治安秩序以及在特殊情况下所采取的管制措施。

（八）人员防护

明确人员转移和疏散的程序、应急避险场所的安排、防护措施等内容。

（九）通信保障

明确建立健全应急通信、应急广播电视保障工作体系的内容，阐述如何完善公用通信网，建立有线和无线相结合、基础电信网络与机动通信系统相配套的应急通信系统。

（十）公共设施

明确相关部门的分工和职责，如负责煤、电、油、气、水的供给，以及废水、废气、固体废弃物等有害物质的监测和处理。

（十一）科技支撑

一方面，阐述科技如何应用于应急工作中，如在预测、预警和预防等方面科技如何与应急管理相结合。另一方面，叙述相关领域专家为应急决策提供科技支撑。

## 五、监督管理

（一）预案演练

各地区、各部门要结合实际，有计划、有重点地组织有关部门对相关预案进行演练。

（二）宣传和培训

应急预案的宣传与教育应明确宣传与教育的主题、内容、方法、形式和要求等；应明确培训的计划、层次、形式、范围、方法、内容和工作要求。

（三）责任与奖惩

应急预案应明确各级、各部门应对处置突发事件的主体责任、监管责任、直接责任，规范表彰与奖励的条件、内容和实施单位；明确规范追究和惩处的条件、内容和实施单位。

## 六、附则

附则是对应急预案文本的补充和支撑。附则通常包括有关名词术语、缩写语与编码的定义与说明（多用于专项应急预案）、应急预案的制定和解释部门、应急预案的实施或生效时间等。

# 第三章　应急预案行动手册编制

应急预案行动手册是对应急预案规定的应急工作、主要职责的细化，为各个单位高效有序地开展应急行动提供决策支持。同时，应急预案行动手册可把各项应急工作内容以文字、流程图和表格的形式进行描述，从而提高应急预案的可操作性、针对性和适用性，使工作单位的职责分工和相互关系更加清晰。

本章从编制目的、编制依据、分类分级、适用范围、编制原则和风险结论等方面明确了应急预案行动手册的编写总则；从组织指挥机构、专项指挥机构、办事机构、工作机构、专家咨询机构等方面介绍了应急预案行动手册的组织指挥体系和主要职责；从预防和监测、预警预报、预警响应等主要内容分析了预防预警机制；从队伍、装备、资金、物资、避难场所、技术、通信、信息等方面阐述了应急保障的重点工作；最后，从调查评估和修改、奖励与责任追究、宣传和培训等维度提出了后期处置的关键任务内容。

## 第一节　编　写　总　则

### 一、编制目的

应急预案行动手册结合了概念、原则以及预案行动等内容，使有关各方在突发事件应对与处置过程中做到有法可依、有章可循、有据可查。应急预案行动手册将预案体系进一步精细化和规范化，使应急行动更具针对性和可操作性。编制应急预案行动手册是完善预案体系的需要；是应急响应行动的重要组成部分；是具体操作的细则；是各级政府、部门领导、各有关单位的应急管理人员组织处置突发事件的参谋和助手；是完成突发事件应急平台建设，实现单位与各级政府应急指挥中心的互联互通，履行信息汇总、上传下达、综合协调、提出意见建议等职能的重要工具书。

总之，应急预案行动手册的编制是从规范、细化的角度对应急管理相关事务形成的制度性设计，以确保发生突发事件时，相关部门能有序、及时地采取不同应对措施，相互交织且有机协同，从而做到有效组织、快速反应、临危不乱。

## 二、编制依据

应急预案行动手册是应急预案的行动指南，因此其编制依据与应急预案相同。

## 三、分类分级

### （一）分类方式

应急预案行动手册的分类方式有很多种。按行政管理层次可分为国家级、地方级（省级、市级、县级）以及基层单位（乡镇级和村社级）应急预案行动手册；按事件特征可划分为常备应急预案行动手册和临时应急预案行动手册；按应急管理的对象可划分为自然灾害类应急预案行动手册、事故灾难类应急预案行动手册、公共卫生事件类应急预案行动手册和社会安全事件类应急预案行动手册；按适用范围和功能可划分为突发事件总体应急预案行动手册、专项应急预案行动手册、现场应急预案行动手册和单项应急预案行动手册；按应急预案行动手册的编制和执行责任主体可划分为党委、政府及其部门应急预案行动手册、单位和基层组织应急预案行动手册。

（二）分级方式

根据可能发生的事故后果的影响范围、地点及应急方式，可将应急预案行动手册分成以下五个级别。

1. 单位级（Ⅰ级）应急预案行动手册

这类应急预案行动手册针对的事故所涉及的影响局限在一个单位（如某个工厂、火车站、仓库、农场、煤气或石油管道加压站等）的界区之内，并且可被现场的操作者遏制和控制在该区域内。这类事故可能需要投入整个单位的力量来控制，但其影响预期不会扩大至公共区（社区）。

2. 县、市/社区级（Ⅱ级）应急预案行动手册

这类应急预案行动手册针对的事故所涉及的影响可扩大到公共区（社区），但可被该县（市、区）或社区的力量，以及所涉及的工厂或工业部门的力量所控制。

3. 地区/市级（Ⅲ级）应急预案行动手册

这类应急预案行动手册针对的事故影响范围较大，后果较严重，或是发生在两个县或县级市管辖区边界上的事故。应急行动需要动用地区的应急力量。

4. 省级（Ⅳ级）应急预案行动手册

省级（Ⅳ级）应急预案行动手册是对可能发生的特大事故隐患建立的省级事故应急反应预案行动手册，要针对规模极大的灾难事故，或是需要用事故发生的城市或地区所没有的特殊技术和设备进行处理的特殊事故。这类意外事故需用全省范围内的力量来控制。

5. 国家级（Ⅴ级）应急预案行动手册

对事故后果超过省、自治区、直辖市边界以及列为国家级事故隐患、重大危险源的设施或场所，宜制定国家级应急预案行动手册。

## 四、适用范围

（1）总体应急预案行动手册主要适用于从整体上分析一个行政辖

区的危险源、应急资源、应急能力，并明确应急组织体系及相应职责，应急行动的总体思路、责任追究等。

（2）专项应急预案行动手册主要适用于某种具体、特定类型的紧急事件，针对这类事件预先做好应急准备的安排、资源保障、联动协调等重要专项工作。例如，防汛、抗旱、防疫、地震以及其他自然灾害等专项应急预案行动手册。

（3）现场应急预案行动手册主要适用于预防特定场所，尤其是风险较大场所或重要防护区域发生的突发事件。例如，存储危险化学品场所、公共娱乐场所、学校等人员密集场所的应急预案行动手册。

（4）单项应急预案行动手册主要适用于大型公众聚集活动和高风险的场所活动中可能出现的紧急情况。例如，施工现场、重要性活动、演唱会应急预案行动手册。

## 五、编制原则

### （一）预防为主，常抓不懈

应急预案行动手册应以完善的预防措施为基础，体现“安全第一、预防为主”的方针，坚持事故应急与预防工作相结合，做好预防、预测、预警、预报、风险评估、应急物资储备、应急队伍建设、应急装备完善和应急预案演练等工作。

### （二）统一指挥，快速反应

应急预案行动手册在明确规定有关部门在处理突发事件时，需建立统一的突发事件应对系统与指挥核心，对不同区域、不同部门进行统筹协调，以高度集中的指挥，实现快速反应，对重要问题进行协商与决策，提高各个指挥系统之间横向沟通协调的效率。

### （三）准备充分，措施先进

在应急预案行动手册的编制过程中，应充分发挥专家作用，实行科学民主决策，采用先进的救援装备和技术，增强应急救援能力，确保应急救援的科学、及时、有效。此外，应急预案行动手册应经常修订，以保证先进、科学的应急措施被采用。

## 六、风险结论

### （一）风险识别

风险识别是得出风险结论的前提要素，是查找区域范围中存在哪些风险的过程。风险识别可以发现、列举和描述各种风险要素，包括识别风险源、风险原因、风险事件，并对可能产生重大影响的状况、性质进行全方位的识别。应急预案行动手册应就可能对目标产生重大影响的状况、影响的性质进行全方位的辨识。例如，采用基于证据的方法、基于结构化的提示或问题的方法、归纳推理的方法和系统性的团队方法等对突发事件风险进行识别。

### （二）风险评估

风险评估是指在风险事件发生之前或之后，对该事件给公众生活、生命财产等各方面造成的影响和损失的可能性进行评价的工作。应急预案行动手册应对所有已经排查出的风险隐患的严重程度进行分级，评估风险的可容许性（即社会可接受风险的程度），明确风险等级，确定对哪些危险源需要制定安全目标和管理方案。确定风险等级时，应重点关注违反法律法规和其他要求、上级部门警告或相关方有强烈诉求的风险。

### （三）风险防范

风险防范是指在风险评估结束后，为避免或减少风险采取的对应措施，以达到将风险消除、化解、转移和控制的目的。风险防范是有目的、有意识地通过计划、组织、控制和检查等活动来阻止风险损失的发生，减小发生风险隐患造成事故灾难的可能性或严重程度，以取得损失最小化结果。应急预案行动手册在制定风险防范措施时，应对已确定的危险目标，根据其可能导致事故的途径，采取针对性的预防措施，避免事故发生。对于各种预防措施必须建立责任制，落实到各个单位，一旦发生紧急情况时，尽力降低危害的程度。根据应急预案行动手册，科学、及时地做好应急风险防范工作，搭建应急决策支持系统、公开并有效控制应急信息、加大公众参与政府应急决策的力度和范围。

## 第二节　组织指挥体系和主要职责

### 一、组织指挥机构

应急组织指挥体系是突发事件应对工作的组织保障，担负着突发事件应对工作的主要责任，是应急预案行动手册的核心要素之一。组织指挥机构也称应急工作领导机构，负责落实党中央、国务院和地方党委、政府关于应急管理工作的决策部署，分析研判突发事件风险、统筹协调应急管理工作重大事项，组织突发事件的应对工作。组织指挥机构及其职责根据应急预案和各地方应急管理工作的具体实际情况而定。

地方应急指挥机构的主要职能包括内部职能和外部职能。地方应急指挥机构作为议事协调机构而具有内部职能，主要是对各系统、各部门以及应急指挥机构的内部各工作小组进行领导、指挥、组织、协调，属于权力组织系统的内部管理关系，对行政相对人的权利义务没有直接影响。地方应急指挥机构作为法律、行政法规或者地方人大授权的组织，其授权范围决定了地方应急指挥机构的外部职能，主要是以自身名义对外制定发布行政规范性文件或实施具体应急管理措施，表现为地方应急指挥机构与行政相对人的外部行政法律关系。在应对突发事件过程中或应急非常时期内，其成员单位可根据突发事件应对法律法规，以组织指挥机构部署决定名义履行法定职责、组织实施相关行动，超过职权范围行动造成行政相对人的损失，应按规定在事后帮助恢复和补偿。

## 二、专项指挥机构

专项指挥机构也称专项应急指挥部，是突发事件应对与处置工作的直接领导机构，对突发事件应对工作负有主要责任，负责相关类别突发事件的防范和应对工作。专项指挥机构与组织指挥机构最大的区别在于，组织指挥机构重点在于突发事件应对工作的全过程管理，包括应急体系建设、应急能力建设、应急基础工程建设、预备与准备、应急响应与处置等方面的内容，而专项指挥机构的重点在于负责某一类别突发事件发生后的指挥协调、资源调动、力量运用、应急保障等方面的工作。

在现行体制中，对于有常设专项指挥机构的，应急预案行动手册中所涉专项指挥机构以常设专项指挥机构为主，如防汛抗旱指挥部、森林防火指挥部等；对于没有常设专项指挥机构的，应急预案行动手册应建议明确专项指挥机构的组成与位置。

## 三、办事机构

办事机构也称组织指挥机构办公室、专项指挥机构办公室或突发事件应急组指挥办公室。办事机构承担着组织指挥机构或专项机构的日常工作，负责突发事件应对时的指挥与协调具体工作，履行信息汇总、综合协调、决策服务、运转枢纽的职能。办事机构成员由突发事件应对工作的主要部门或单位的相关人员组成。根据突发事件类型的不同，其办事机构所设的工作部门也有所不同。总体应急预案行动手册规定办事机构办公室设在各级应急管理部门，专项应急预案行动手册规定办事机构设在各牵头单位。

## 四、工作机构

工作机构是突发事件应急管理工作和突发事件应对工作的直接执行

机构。根据突发事件的类型、危害和影响，应急预案行动手册可以提出设置不同的突发事件应对工作机构。工作机构一般包括担负突发事件处置与救援的地方工作部门、相关机构和突发事件处置现场工作机构。

突发事件总体应急预案行动手册中所称的工作机构一般为地方相关部门，手册中只对各类突发事件应对工作机构的设置提出基本原则，不作具体明确。总体应急预案行动手册还应对基层应急指挥机构提出原则要求，以保持组织指挥体系的有效衔接。

在专项应急预案行动手册编制过程中，视情况提出建立前方指挥部或现场指挥部。前方指挥部或现场指挥部指挥长采取指定的方式予以明确，其职责由各专项应急预案行动手册确定。应急处置行动中的各应急工作小组及其职责也由专项应急预案行动手册确定。专项应急预案行动手册需对基层应急指挥机构作出明确要求，包括前方指挥部或现场指挥部以及相关的应急工作小组。

### 五、专家咨询机构

专家咨询机构是为应急管理与突发事件应对工作提供专家支撑服务的机构。专家咨询机构是突发事件专家委员会、专家组、专家库、应急管理顾问和专家咨询服务团队的统称。在应急管理与突发事件应对工作中，各级应急管理领导机构、专项指挥机构、工作机构平时应建立突发事件防范应对专家库。应急预案行动手册中应根据实际需要聘请有关专家，组成应急管理顾问组、专家组，为公共安全管理与应急管理提供决策建议，为突发事件的应对与处置提供技术支撑。根据应急预案行动手册的不同类别，可以设置相应的专家咨询机构。总体应急预案行动手册中的专家咨询机构称为专家组，专项应急预案行动手册可根据突发事件的类别、性质和危害程度设立相应的专家顾问组、专家咨询组和专家处置组等。

## 第三节 预防预警机制

### 一、预防和监测

预防是指从应急管理的角度，通过突发事件过去和现在的数据、情报与资料，运用逻辑推理和科学预测的技术方法，对突发事件出现的约束条件、未来发展趋势和演变规律等作出科学的估计与推断，对突发事件发生的可能性及其危害程度进行估量和发布，并提醒公众做好准备，改进工作，规避危险，减少损失。由于突发事件具有突然性和危害性等特点，在编制应急预案行动手册过程中应重视各类突发事件的预防工作，细化各部门工作措施，明确责任，加强应急反应机制的日常管理，在实践中不断运用和完善。针对不同类别的突发事件，预防措施主要包括：

（1）开展应急法治建设。运用法治思维和法治方式推进应急管理领域改革发展，不断完善依法行政制度体系。坚持严格规范公正文明执法，完善制度建设，规范权力运行，加强行政监督，全面提升依法行政能力，为预防自然灾害、事故灾难、公共卫生和社会安全突发事件提供有力的法治保障。

（2）推动跨部门协作。应建立统分结合、协同高效的跨部门协作机制，凝聚突发事件防控合力。一方面，明确有关部门在突发事件防控中的主要责任，制定系统完备的部门责任清单；另一方面，从信息共享、沟通协商、政策协同、执法协作等方面健全跨部门协作机制。

（3）健全社会预防体系。各部门应健全预防工作体系，及时收集各种信息，并对这些信息进行分析、辨别，有效觉察潜伏的危机。对危机的后果事先加以估计和准备，预先制定科学而周密的危机应变计划。建立一套规范、全面的危机管理预防体系，明确各政府部门的责任。对危机采取果断措施，为危机处理赢得主动，从而预防和减少自然灾害、事故灾难、公共卫生和社会安全突发事件及其造成的损失，保障国家安全、人民群众生命财产安全，维护社会稳定发展。

(4) 加强公众教育。通常，面对突发事件容易出现两类错误的心理：一是漠视、忽视突发事件出现的可能性或者突发事件的后果，居安而不思危；二是夸大突发事件可能造成的后果，过度恐慌，临危先乱。因此要提高公众应对突发事件的能力，就要进行有针对性的教育。通过教育在全社会范围内营造居安思危、临危不乱的心理氛围，提高社会成员应对突发事件的能力。教育的方式可以多种多样，常用的有案例分析和强化性宣传。

(5) 加强科技支撑。高度重视运用科技手段提高预防突发事件的能力，加强应急科学研究，提高应急装备和技术水平，加强应急管理信息平台建设，形成公共安全和突发事件预防科技支撑体系。

监测是指针对可能发生的各类突发事件而进行的一系列监视、测量工作。应急预案行动手册应完善突发事件监测制度，明确监测的范围、手段、方法和相关要求，划分监测区域。这就要求相关单位和部门建立健全突发事件应急信息收集与监测系统，完善监测网络，采取多种手段开展风险监测工作，为预警行动与应急响应提供强大的信息支撑。监测数据可能包括重大危险源类型和分布、潜在隐患和突发事件可能影响的区域、可能影响公共安全的重大危险源分布、城市建成区分布、地形地貌、交通和建筑物等城市建设档案、应急力量组成等。

## 二、预警预报

应急预案行动手册应建立突发事件预警预报制度，统筹预警信息发布，综合运用各类传播渠道，发挥基层网格作用，解决预警信息发布“最后一公里”问题，为预警行动提供支撑和保障。不同类别的应急预案行动手册的预警预报信息也有所不同。预警预报信息的基本要素包括突发事件类别、预警级别、预警区域、起始时间、可能的影响范围、警示事项、应采取的措施和发布机关等。

预警预报工作主要包括：

（1）确定预警级别。对可以预警的突发事件，有关部门在收集到突发事件可能发生的征兆信息后，组织进行分析评估，研判突发事件发生的可能性、强度、影响范围以及可能发生的次生衍生突发事件类别，进而确定预警级别。按照紧急程度、发展势态、可能造成的危害程度等，预警级别可分为一级、二级、三级和四级，分别用红色、橙色、黄色和蓝色标示，一级为最高级别。

（2）发布预警信息。接到报警信息后，省、设区市、县（市、区）人民政府或有关部门分析评估突发事件发生的可能性，根据分析评估结果，确定预警级别，经过审批后通过本级突发事件预警信息发布平台发布预警信息。

分析评估确认突发事件即将发生或者发生的可能性增大时，省、设区市、县（市、区）人民政府或有关部门根据分析评估结果，按有关规定立即发布预警信息，及时向上一级政府或相应部门报告，必要时可以越级上报，并向当地驻军和可能受到危害的毗邻或相关地区的政府通报。根据事态发展，适时调整预警级别并重新报告、通报和发布有关突发事件预测信息和分析评估结果。

预警信息的发布和调整可通过广播、电视、报刊、互联网、手机客户端、“安全码”应用、短信、电子显示屏、大喇叭或组织人员逐户通知等方式进行，对老、幼、病、残、孕等特殊人群以及学校等特殊场所和警报盲区应当采取有针对性的公告方式，及时将预警信息发送到户、到人。承担应急处置职责的相关单位接到预警信息后，应及时向发布预警的单位反馈接收结果。

## 三、预警响应

预警响应包括两个层次：一是告知性预警信息，对象是广大的公众群体，接到预警信息后，公众采取各种措施，开展预警行动；二是执行性预警信息，对象是应急预案行动手册中负责各类突发事件应急处置工作的成员单位，各成员单位接收到预警信息后，按照应急预案行动手册中规定的突发事件的级别和应对要求，采取响应的预警措施，开展预警行动。

预警响应措施通常包括健康性措施、防护性措施、建议性措施和强制性措施等。有关方面要结合区域风险图组织综合研判，根据预警级别和实际情况，按照分级负责的原则，采取下列一项或多项措施。

（1）有关部门、专业机构、监测网点和负有特定职责的人员及时收集、报告有关信息，向社会公布反映突发事件信息的渠道，加强对突发事件发生和发展情况的监测、预报和预警工作。

（2）及时按照有关规定向社会发布可能受到突发事件危害的警告，宣传避免、减轻危害的常识，公布咨询电话。

（3）组织应急救援队伍和负有特定职责的人员进入待命状态，动员后备人员做好参加应急处置和救援工作的准备，视情况预置有关救援力量、装备、物资等应急资源。

（4）调集应急处置和救援所需的物资和装备，及时开放应急设施和避难安置场所，并确保其处于良好状态、随时可以投入正常使用。

（5）加强对重点单位、重要部位和重要基础设施的安全保卫，维护社会治安秩序。

（6）采取必要措施，确保交通、通信、供水、排水、供电、供气等公共设施的安全和正常运行。

（7）转移、疏散或者撤离易受突发事件危害的人员并予以妥善安置，发挥人员转移“安全码”作用，确保受影响人员应转尽转，及时转移重要财产。

（8）关闭或者限制使用易受突发事件危害的场所，控制或者限制容易导致危害扩大的公共场所的活动。

(9) 有关地区和部门发布预警后，其他相关地区和部门及时组织分析本地区和本行业可能受到影响的范围、程度等，安排部署有关防范性措施。

## 第四节 应 急 保 障

### 一、队伍及装备保障

应急队伍主要包括参与应急处置的相关力量，其中以综合应急队伍、专业应急队伍、专业处置队伍为骨干，以兼职应急队伍为依托，以社会应急队伍为辅助，动员社会团体、企事业单位以及志愿者等各种社会力量参与应急救援和应急保障工作。

装备是突发事件应对工作的重要基础。应急预案行动手册应按照属地原则，确保政府部门与应急装备存储、使用、制造、经销等有关各方建立突发事件应急装备征用关系，加强应急装备的紧急生产、调拨和紧急调配工作，保障突发事件应急装备的供应能力。各单位也要加强对应急装备的监督管理，及时进行补充和更新。

### 二、资金保障

应急预案行动手册要明确保障突发事件防范和应对工作资金的途径和方式，明确各个单位要将应急准备经费纳入年度财政预算，处置突发事件所需的资金经费，按照现行事权、财权划分原则，分级负责。研究制定相应的征用补偿或救助政策，为应急救援人员提供人身意外伤害保险理赔保障。应急预案行动手册对突发事件应急体系建设与突发事件应对工作资金保障原则、渠道、调拨使用等问题予以明确，落实灾害补偿和救助政策，对资金使用和效果进行监管和评估。

## 三、物资保障和避难场所

编制应急预案行动手册应明确应急物资分类目录及流程清单。制定与突发事件类型、级别、阶段等条件相适应的应急物资目录，明确应急物资种类、结构、数量、标准，避免应急物资不必要的浪费和损失。厘清重点应急物资应急供应链的关键环节，建立应急需求端、基础保障端、供应源头端、连接枢纽端等供应链风险清单，实现应急物资供应链管控无遗漏。制定应急物资保障重点标准，尤其是应急物资储备环节，明确在各类场所、突发事件下，各类物资的储备品种、数量和储备方式等，提高应急物资配备的标准化程度。建立应急物资预案评价指标体系，持续开展评价研究，提高突发事件预防和应对能力。

应急避难场所设置是应对突发事件的一项灾民安置措施，也是现代化大型城市用于民众躲避地震、火灾、爆炸、洪水、疫情等重大突发事件的安全避难场所。为此，建设应急避难场所是提高城市、乡村防灾能力、应对突发性重大灾害事件的重要措施之一，是保障人民群众生命、财产安全，维护社会稳定，最大限度减少灾害损失的关键途径。应急避难场所的选取应遵循以下原则和要求。

（1）应急避难场所一般以每人 2 $m^2$ 为标准规划设计，能容纳受突发事件影响的人员避难，并进行简单的生活。

（2）应急避难场所可依托公园、绿地、操场、广场、体育场、人防工程、学校、基层办公场所等已有的公共场所规划建设，并坚持结合综合规划、就近疏散、一场多用、平灾结合的原则。应急避难场所本身的安全状况（结构安全，是否易遭受灾害袭击等）应通过相关有资质的单位检验。

（3）应急避难场所应配备必要的救助和生活设施，平时不影响其基本功能。突发性事件发生后，作为避难场所使用，做到平时常备与战时应急相结合，达到综合利用的目的。

(4) 应急避难场所要结合人口密度和空地分布情况，就近合理划定，并设置一定宽度的疏散通道，使人民群众能迅速到达避难场所。

(5) 应急避难场所规划建设要因地制宜。规划时可根据场地面积、相应条件与设施功能等，将应急避难场所分成大型、中型、小型等。

(6) 应急避难场所要以县、区为单位进行分类编号，制作应急避难场所用地现状分布图、规划分布图和应急避难场所代码表。

(7) 应急避难场所要符合卫生防疫要求，远离高大建筑、易燃易爆化学物品、核放射物、地下断层、地下管网、易发生洪水塌方的区域，选择地势较为平坦、易于搭建帐篷的场所。每个应急避难场所要有两条以上便于疏散的通道和出口，疏散半径以居民步行 5~10 min 到达为宜。

(8) 应急避难场所内要设置应急避难场所标识及功能分布图，其周边重要路口要设置明显标识牌，标明分散方向、位置和应急设施。

(9) 大型永久性应急避难场所应设置指挥中心、物资储备用房。

## 四、技术保障

技术的创新研发有利于突发事件预防、监测、预警。例如，采取应急处置与救援的新技术、新设备和新工具，设立新型应急指挥场所、应急指挥平台和专业应急平台，依靠技术满足突发事件监测预警、信息发布、指挥协调等功能，提高应对突发事件的工作水平。因此，为了提高应对突发事件的科学决策水平和应急处置能力，编制应急预案行动手册时应协调、整合各相关方面科技资源，充分发挥科技的作用，普及应对突发事件和灾害的自救、互救知识，最大限度地预防和减少突发事件及其造成的损害。同时，充分发挥相关领域专家的作用。邀请来自高校和科研机构的相关领域专家，为应急预案行动手册的编制、执行、修订等提供支撑。

### 五、通信与信息保障

应急通信与信息保障是指为防止突发事件处置过程中应急通信发生故障或缺乏通信基础设施耽误应急处置而导致的事故，避免产生大面积负面影响或对重点单位产生严重影响，而进行的一系列预防性工作，也包括故障发生后，实施高效的调度抢修和业务恢复等工作。应急通信与信息保障是编制应急预案行动手册的重要组成部分，为了保障应急处置时的通信稳定，编制应急预案行动手册时需注重提高应对突发事件的组织指挥能力和通信设备维护能力，保证应急通信指挥调度工作迅速、高效、有序地进行。在抢险救灾、重要活动或重大事件的现场，需要实现现场指挥调度、信息传送及各类应急通信网络、设备保障服务等。随着移动互联网信息与数据通信技术的快速发展，通信、视频传输已成为应急通信与信息保障现场的必须要求，因此需要建立健全应急通信、应急广播电视保障工作体系，完善公用互联网、通信网，建立有线和无线相结合、基础网络和机动通信相配套的应急通信系统，并配备发电设施，确保通信的安全畅通。

## 第五节　后　期　处　置

### 一、调查评估和修改

应急预案行动手册在一定时间周期内具有相对的稳定性。随着面对的自然环境、设施条件和社会形势的变化，公众对突发事件的认识水平不断提高，有必要及时对应急预案行动手册进行评估与修改，使之更加符合突发事件应对与处置工作的实际情况。

应急预案行动手册评估是按照一定程序对应急预案行动手册的完整性、系统性、科学性和有效性进行的一种评价活动。应急预案行动手册的评估为预案更新提供基本依据和支撑，是实现应急预案行动手册动态化管理的重要手段。因此，编制应急预案行动手册应建立评估机制，全面考量预案质量和执行效果，及时反馈各种信息，为应急预案行动手册的修改提出意见和建议。杜绝或避免反复使用与突发事件应急处置工作实际需求差距较大的应急预案行动手册所造成的损失，减少或降低负面影响。

有下列情形之一的，应当及时修订、更新、完善应急预案行动手册：有关法律、行政法规、规章标准、上位应急预案行动手册中的有关规定发生变化的；组织指挥机构及其职责发生重大调整的；面临的风险发生重大变化的；重要应急资源发生重大变化的；应急预案行动手册中的其他重要信息发生变化的；在突发事件应对工作和应急演练中发现问题需要作出重大调整的；经过检查评估，认为需要修订的；应急预案行动手册制定单位认为应当修订的其他情况。

应急预案行动手册修订完毕后应当编写修订情况说明。其内容包括修订的必要性、修订的目的和意义、主要修订过程、采取的主要方法、修订内容对比表和修订后的作用等。

## 二、奖励与责任追究

奖励与责任追究是应急预案行动手册管理的重要手段。突发事件应急准备与应急处置工作实行奖励与责任追究制，各单位按照应急预案行动手册赋予的任务履行其相应职责，依法依责实施奖惩。应急预案行动手册应明确各部门应对突发事件的主体责任与监管责任，规范表彰与奖励的条件、内容和实施单位。对应急预案行动手册编制、应急处置或后勤保障过程中作出显著成绩的人员应予以表彰和奖励。

应急预案行动手册应明确规范责任追究的条件和内容。对未按照有关规定编制应急预案行动手册、未组织应急演练和未按规定处置突发事件的应予以通报批评；对迟报、谎报、瞒报和漏报突发事件等重要情况的工作人员，应按照相关规定予以处理；对在突发事件应对工作中造成重大危害，带来严重社会影响，给国家和人民生命财产带来严重损失，以及构成犯罪的应依法追究其刑事责任。

## 三、宣传和培训

在应急预案行动手册编制完成之后，应及时组织宣传和培训，必要时应向社会公布。新闻媒体应当无偿开展突发事件预防、应急自救与互救知识的公益宣传，普及应急法律法规和预防、避险等常识，增强公众的忧患意识、社会责任意识、公共安全意识和风险防范意识。通过宣传和培训，使公众了解应急预案行动手册的主要内容和应对策略，掌握应急处置工作的要点和防护措施，为突发事件应对工作提供强有力的保障。

应急预案行动手册的宣传与培训应明确主题、内容和要求等。可以采取图书、报刊、音像制品、电子出版物、广播和新媒体等手段，制作应急预案行动手册读本、读物，组织宣讲和培训活动，利用重大节假日开展形式多样的应急科普宣传活动，增强公众防范意识，普及应急知识。

应急预案行动手册应明确培训计划和内容。针对地区特点，紧密围绕应急预案行动手册的内容展开培训工作。采取专题培训和分级培训的方式进行，培训内容以应急预案行动手册解读为主，也可以培训相关的法律法规和规范性制度文件等。

# 第四章　智慧型应急预案建立

“智慧”指的是“能够迅速、灵活、正确地理解和解决问题的能力”。关于智慧型应急预案，目前国内外尚没有统一的定义。一般来说，智慧型应急预案主要是以文本应急预案为基础，将各种计算机技术和网络技术（如全球定位技术、遥感技术、虚拟仿真技术等）应用于应急预案的各个处置流程中，将文本式应急预案转化成数字化应急预案，从而根据事态自动判定预警级别、响应级别、恢复重建等应急节点，优选处置方案，辅助决策者作出更加科学的处置。简单来说，智慧型应急预案就是采用高新技术与方法对传统应急预案的优化与创新，是提高突发事件处置效率与能力的关键手段。随着全球气候变化和我国社会经济快速发展，自然灾害等突发事件呈频发性和多元化发展趋势，人们逐渐认识到传统应急预案往往难以有效地发挥作用。与传统应急预案相比，智慧型应急预案充分发挥了数字化技术的优势，具有较强的预控、预判及自我完善的能力。因此，智慧型应急预案是当前国内外研究的热点，也是提高应急预案科学性、有效性和针对性的最佳方法，对应急处置能力的提升具有重要意义。

本章梳理了智慧型应急预案的特点与优势、应用范围及发展趋势，介绍了智慧型应急预案的基本架构和执行流程，并分析了实施案例。

## 第一节　智慧型应急预案概论

### 一、智慧应急预案的特点

智慧型应急预案融合了各种计算机技术和网络技术，具有集成化、智能化、实时化、可视化等特点。

（一）集成化

将高新技术应用于传统工程项目，从而推动其优化升级是当前各个行业的发展趋势之一。智慧型应急预案作为应急预案的表现形式之一，是网络信息时代新技术与应急预案相结合的成果。智慧型应急预案实现了应急资源配置、应急预案模块管理、应急处理管理、应急预案编制管理、整体系统功能管理、应急预案启动管理等一体化运行，需要不断融合先进的数字技术。例如，为应对上海世博会期间可能发生的各类突发事件，上海市集成 GIS 技术、数据库、专家系统、数学模型、CBR 等技术，开发了智能化突发事件应急响应系统。

（二）智能化

突发事件的发生通常具有很强的随机性，对其发展和演变很难给出一个明确的判断。针对某一典型的突发事件，智慧型应急预案对突发事件的发展态势有很强的预判能力。通过建立系统的应急知识和应急案例数据库，将应急处置常识按照突发事件发生演化的时间顺序和不同应急阶段的特点进行顺序分条存储，运用智能化技术分析突发事件发展的某个阶段所应采取的应急处置措施，形成高度智能化的突发事件应急处置系统。此外，智慧型应急预案还具备智能化的自我完善能力，通过对历史事件应对过程以及演练执行效果的评估，不断对已有预案进行调整和完善。

（三）实时化

在突发事件应急处置过程中，时间就是生命，时效性是突发事件应对与处置的关键指标之一。因此，智慧型应急预案通过综合运用现代化定位跟踪技术，实现应急预案各种相关资源信息的实时动态跟踪与采集。这些数据通过计算机运算可以反映出突发事件现场风险变化的实时情况，并根据实时信息就应对能力进行评估，快速作出预警与研判，更有利于决策者进行快速处置，以确保分析结果的准确性。

#### （四）可视化

智慧型应急预案以 GIS、AR、VR、3D 等技术为基础支撑，搭建预案场景，通过现场视频监控和三维仿真实现应急物资可视化、救灾力量可视化、救灾路线可视化、物资调配可视化以及人员疏散可视化等。通过空间可视化应急预案的推演、培训和模拟，验证预案设计中的各类逻辑缺陷和组织冲突，保证预案的可操作性和准确性。例如，浙江省搭建了钱塘江流域防洪减灾数字化平台，通过可视化界面可直观掌握流域内的雨情、雨量、水库水位等信息。2008 年北京市消防局针对奥运场馆，利用仿真技术搭建三维场景，设计了消防灭火数字化应急预案系统，实现了真实场景传输、预案管理和应急演练等功能。消防救援人员通过三维仿真场景了解建筑结构、重点部位的情况以及现场的实时信息，提高了应急处置效率，降低了应急处置成本。

### 二、智慧型应急预案较传统应急预案的优势

#### （一）数字化技术的应用使应急预案结构更加清晰

智慧型应急预案最大的优势是广泛应用了数字化技术，如地理信息系统（GIS）、定位技术（GPRS）、3D 图像显示技术、数据库技术以及灾害预测与演变模拟技术等高新技术。尤其是一些数字化核心技术（如本体模型、XML 技术等）的运用，使得不同系统、不同类型的应急知识实现有效集成和重复使用，应急预案的结构层次更加清晰。

#### （二）预案库的维护功能使预案管理能力显著提高

传统的应急预案库只是简单的汇总，随着预案库的案例数量增加，管理工作繁重，智慧型应急预案具有预案库的维护功能（图 4-1），可实时梳理预案的相关要素，对预案进行结构化分解，制定及管理预案模板，并可实时完成预案案例的增加、修改和删除等管理工作，显著提高了预案管理能力。

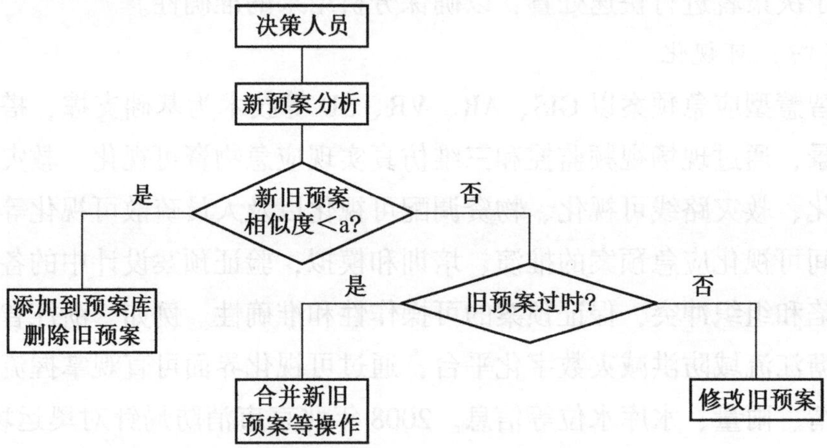


图 4-1　智慧型应急预案的管理流程

（三）预案的快速检索技术使响应处置明显加快

预案的快速检索技术是智慧型应急预案的核心技术之一。根据突发事件的特点，通过逻辑推理从预案库中搜集相应的应急预案要素；分析完成之后，从预案模板库中调取合适的预案，快速形成应急处置方案。如果该应急预案不符合实际情况，系统能够识别并从预案库、历史资料库、应急资源库以及法律法规库中检索相关内容，自动修正，直至新预案满足要求，使整个响应处置的速度明显加快。

（四）全过程管理便于事件处置后期评估与总结

智慧型应急预案按照其执行流程实现了自动化过程管理，自动保存与备份表单流转、指令发布、会议纪要等记录，并形成本次事件的应急工作日志，实现了无纸化办公，避免了传统应急管理工作中人工记录和汇总的烦琐作业，解决了紧急事件发生时没有时间记录等问题。此外，日志保存的载体包括文字、照片、录音、视频等多种形式，保证了资料的准确性、完整性和真实性，便于事件处置后期评估与总结。

## 三、智慧型应急预案的应用范围

国外开展智慧型应急预案的研究较早，并已经广泛应用于军事、能源、公共卫生、工农业生产、灾害防治等多个领域。例如，美国萨瓦纳沿海区数字应急预案系统、英国达特茅斯港口应急计划与管理系统、沙特 Uthmaniyah 天然气加工厂应急响应计划系统等都是较为成功的智慧型应急预案系统。国内虽起步较晚，但应急预案数字化发展已经列入国家科技发展规划。近年来，各级党委、政府及其相关部门、基层组织及企事业单位为解决传统突发事件应对工作中存在的问题和缺点，大力推行、建设和运用数字化技术，使应急处置工作更加科学、高效、简便。公共危机和高危生产行业的应急领域是较早开展一些数字化应用的。例如，北京奥运场馆消防灭火数字化预案系统、上海世博会突发事件数字化应急预案系统、牡丹江市数字化预案管理系统、燕山石化突发事件应急响应系统、大亚湾核电站应急响应计划系统等。实践证明，智慧型应急预案的实施显著提高了应急处置能力，可以在自然灾害、事故灾难、公共卫生和社会安全等突发事件中广泛应用。

## 四、智慧型应急预案的发展趋势

近年来，随着高新技术的不断发展和应用，应急预案的数字化进程发生了巨大变革。目前，国内外已建成的智慧型应急预案初步可实现自动分析和执行应急预案设置的相关流程，快速形成应急处置方案，并结合物联网和三维虚拟仿真技术实现事发现场的可视化。智慧型应急预案的发展趋势将体现在以下三个方面。

### （一）高度的智能化

通过大数据、人工智能等技术，构建完备的应急知识和应急案例数据库，开发计算推理技术，智能分析突发事件发展的每个阶段所应采取的应急处置方案、资源调配方案、决策方案等，并形成高度智能化的突发事件应急处置专家系统，指导应急处置工作。

（二）高度的实时化

融合 GPS、物联网等现代化定位跟踪技术，实现应急预案的高度实时化，确保分析结果的时效性。

（三）高度的可视化

将 AR、VR、3D、元宇宙等技术与应急管理有机结合，实现虚实一体、相互映射的孪生系统，将纸制的传统预案转化为三维可视化的动态处置预案。

## 第二节　智慧型应急预案的基本架构

### 一、智慧型应急预案的整体架构

智慧型应急预案的整体架构主要包括预案数字化处理、预案启动与处置、预案评估与改进三层结构，整体架构自下而上分别涉及数据库、计算与逻辑运行、终端以及用户等多个不同的环节（图 4-2）。

（一）预案数字化处理环节

这一环节处于智慧型应急预案的准备阶段，主要梳理、收集应急组织机构、预警与预防机制、日常管理数据、现场视频传输数据、物联网感知数据等智慧型应急预案所需的各项要素。通过数据的结构化和模块化应用，形成数字化预案模板，并结合应急处置的经验教训实时完成预案的维护与修订完善。

（二）预案启动与处置环节

针对不同类型的突发事件，对从数字化预案库中提取的应急预案进

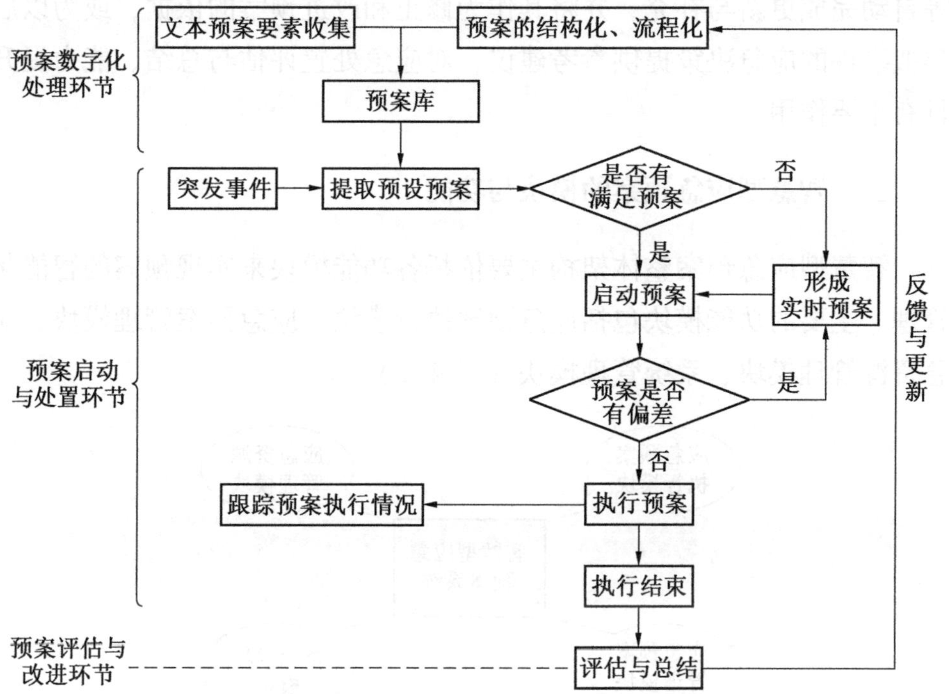


图 4-2　智慧型应急预案的整体架构

行逻辑分析。如提取的应急预案不满足需求，则通过对数字化处理后的应急资源库、预案库、监控及物联网感知数据库、法律法规库等智慧型应急预案所需的各项数据进行识别与筛选，自动组合生成新的预案，并根据现场传输的信息数据自动修正，直至满足要求为止。依据预案的应急处置方案，立即启动预警与预防机制，发布预警信息，明确各组织机构职责，启动应急响应。随时跟进预案执行情况，确保各项任务有效执行。

（三）预案评估与改进环节

智慧型应急预案实现了全过程自动化管理，对突发事件及应急处置每个环节的表单流转、指令发布、会议纪要等情况执行全过程记录与保存，自动生成本次事件的应急工作日志，对应急资源库、应急处置措施等自动完成更新与补充，并将其作为修正和改进预案的依据，或为以后类似事件的应急决策提供参考建议，对应急处置评估与总结、能力提升具有重要作用。

## 二、智慧型应急预案的模块与功能

智慧型应急预案整体架构主要依托各功能模块来实现预案的智能化管理。主要的功能模块包括应急预案执行模块、应急预案管理模块、应急资源管理模块、系统管理模块（图 4-3）。

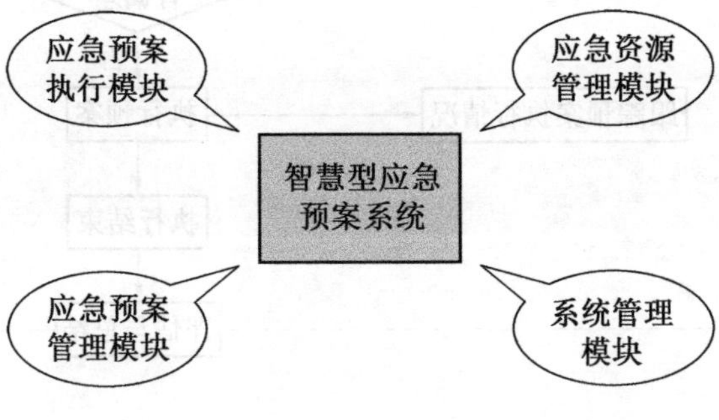


图 4-3　智慧型应急预案的功能模块

### （一）应急预案执行模块

预案执行模块具备智慧型应急预案的关键功能，该模块可完成突发事件的应急处置工作，主要功能包括应急处置预案生成、信息传递、预案执行全过程跟踪、处置评估与总结等，应急预案执行模块功能如图 4-4 所示。

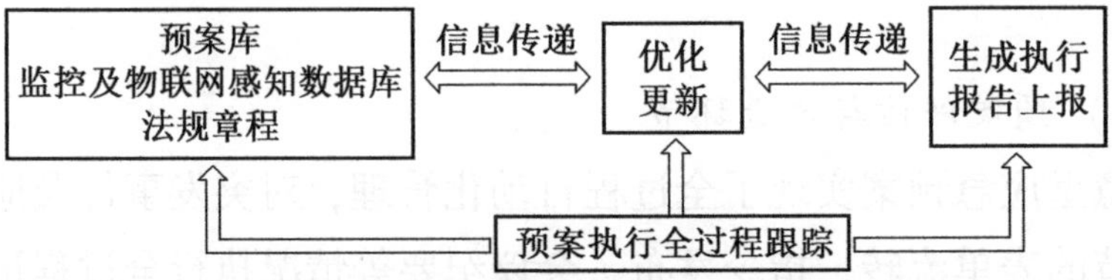


图 4-4　应急预案执行模块功能图

1. 应急处置预案生成

该子模块包含了预案、监控及物联网感知数据、法规章程等多个数据库资料。当突发事件发生时，该子模块根据突发事件的具体情况从预案库中选取最佳的应急处置方案并对其进行评估。根据现场数据传输，系统会实时对该方案进行优化完善。

2. 信息传递

应急处置预案生成后，启动应急响应，需要快速传递不同类型的信息，包括预警信息、人员转移信息、人员伤亡信息等。通过 GIS 技术，信息接收方可在终端上掌握事发地点及其基本情况。

3. 预案执行全过程跟踪

在应急行动时，该子模块实时记录下达的指令以及执行反馈信息，归纳整理应急管理文件，实现对预案执行的全过程跟踪。

4. 处置评估与总结

通过全过程记录数据，及时生成执行报告。智慧型应急预案系统根据突发事件所启动的应急预案响应级别在突发事件上报流程库中匹配到相应级别的上报流程，并在数据库中自动搜索上报人的具体信息。

（二）应急预案管理模块

预案管理模块的功能主要包括预案库管理和应急知识库管理（图 4-5）。

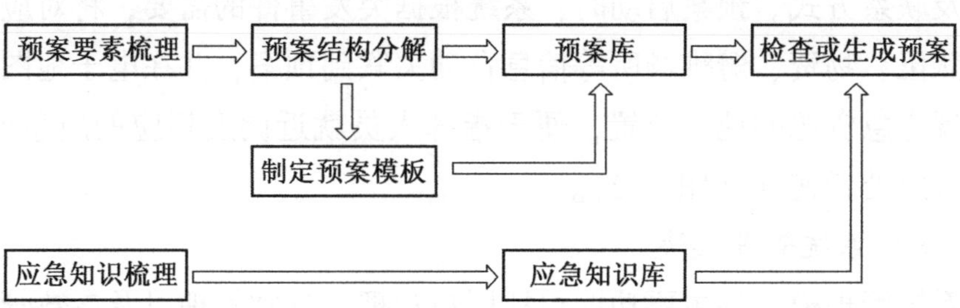


图 4-5　应急预案管理模块功能图

1. 预案库管理

预案库主要包括各级部门和单位关于自然灾害、事故灾难、公共卫生事件以及社会安全事件编制的应急预案。通过梳理预案相关要素，对预案进行结构分解，分类管理预案的基本信息、适用范围信息、组织体系和工作机制信息、预防与预警信息、应急响应信息、后期处置信息、应急保障信息及监督管理、附件信息等内容，并制定预案管理模板。该模块提供应急预案的检索功能，可根据突发事件的特点自动匹配相应的预案，或通过智能化分析启动预案制定流程，实时制定预案。

2. 应急知识库管理

应急知识包括应急领域相关的法律法规、标准规范、规章制度、救援知识、自救常识、演练培训及案例事件等内容，是智慧型应急预案编制的重要素材。通过整合应急知识库，将这些应急知识与突发事件处理过程建立联动关系。用户依据应急处置、演练和培训的相关需求，通过快速检索技术从应急知识库中查找所需的应急知识，辅助应急处置决策。

### （三）应急资源管理模块

应急资源管理模块主要管理的应急资源包括应急队伍、应急物资、应急专家、应急资金、避难场所等，并根据不同事件的类型分类存储，形成应急资源库。应急资源库存储了各类应急资源的相关位置、区域信息以及联系方式。预案启动时，系统根据突发事件的需要，将对应的专家、队伍、物资、避难场所等信息自动关联到预案，并在电子地图上直观展现应急资源的地理位置，便于指挥人员就近调度相应的应急资源，提高应急处置速度（图 4-6）。

### （四）系统管理模块

系统管理模块的主要功能包括用户管理、日常管理以及参数管理。

1. 用户管理

该模块根据用户的角色对项目全体应急人员进行分类管理，由系统

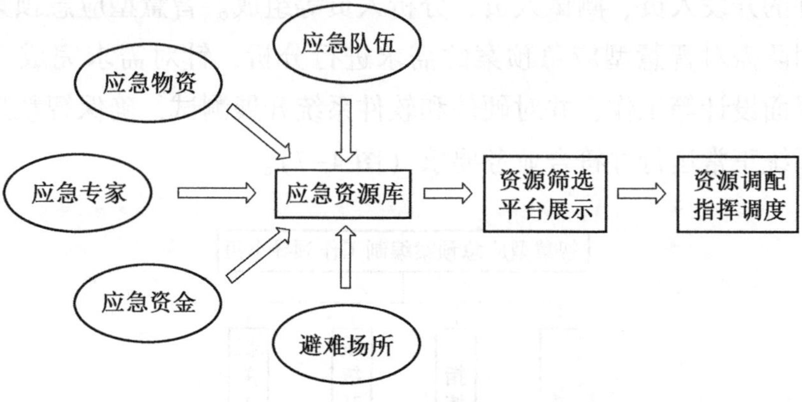


图 4-6　应急资源管理模块功能图

管理员完成用户的权限配置、信息变更、增加与删除、密码重置等工作。用户注册以后可根据权限访问相应的功能模块。

2. 日常管理

日常管理主要完成系统用户的登录访问记录、日常巡检值班文件的存储、数据库信息的更新、通知公告的发布等工作。

3. 参数管理

参数管理包括常规功能菜单管理、系统界面设置和系统维护等。

## 第三节　智慧型应急预案的执行流程

### 一、成立智慧型应急预案部门

智慧型应急预案执行流程的第一步是成立智慧型应急预案组织机构，由工作领导小组负责智慧型应急预案的统筹和开发工作，明确部门人员构成、岗位职责分工及工作计划。智慧型应急预案部门的人员组成包括具有现场处置经验的专家、指挥人员、智慧型应急预案系统开发团队以及相关工作人员。其中，智慧型应急预案系统开发团队主要由软件与硬件的开发人员、测试人员、分析人员等组成。智慧型应急预案系统开发团队需对智慧型应急预案的需求进行分析，针对需求完成软件开发、界面设计等工作，并对硬件和软件系统开展测试，确保智慧型应急预案系统正常运行并符合业务要求（图 4-7）。

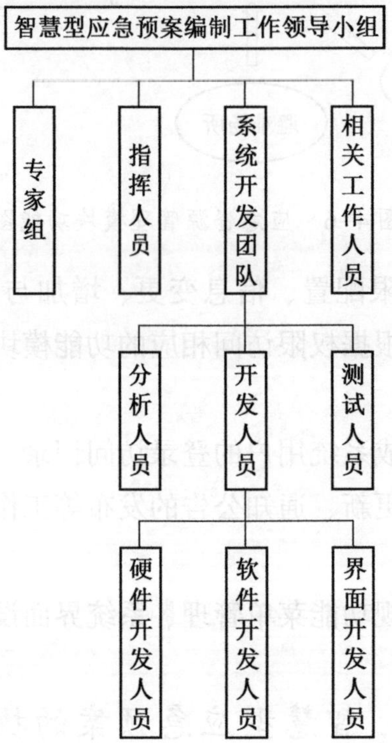


图 4-7　智慧型应急预案部门人员组成

## 二、智慧型应急预案需求分析

智慧型应急预案需求分析是软件系统开发的前提和关键步骤，需要系统开发团队与智慧型应急预案部门其他成员相互配合，积极开展资料梳理、走访座谈、讨论交流等工作，明确智慧型应急预案要完成哪些工作，分析目标需求、功能需求、系统需求等方面内容。

(一) 目标需求分析

智慧型应急预案的总体目标主要来源于政府部门的指导文件及行业部门的相关规范要求，因此在目标需求分析阶段需梳理各类文件资料，并掌握相关的总体目标，明确智慧型应急预案的制定方向。例如，水利部2021年11月印发《“十四五”期间推进智慧水利建设实施方案》，2022年3月先后印发《水利业务“四预”基本技术要求（试行)》《数字孪生水利工程建设技术导则（试行)》等一系列文件，围绕当前最迫切的数字孪生流域、数字孪生水利工程、水利业务“四预”（预报、预警、预演、预案）等重点任务，明确了总体目标和技术规范，可作为相关领域智慧型应急预案目标需求分析的指导文件。

(二) 功能需求分析

功能需求是指智慧型应急预案能够实现哪些功能模块，需从实际出发，针对不同的用户深入开展调研，了解用户在预案执行、应急处置、评估总结、资源管理等方面的具体功能要求。功能需求分析阶段除了掌握用户的功能需求，还要完成需求信息的转化，即将功能需求转化为系统开发需求，便于开发人员遴选与之匹配的开发环境和数字化技术。

(三) 系统需求分析

智慧型应急预案要求系统具备高度智能化、高度实时化以及高度交互性，系统需求是实现智慧型应急预案功能模块的具体描述。在功能需求转化为系统开发需求后，应分析硬件和软件的需求，从而对智慧型应急预案是否可行、系统是否可开发等问题进行可行性分析。

## 三、编写智慧型应急预案方案

智慧型应急预案方案编写是开发过程中的关键阶段，也是智慧型应急预案的核心技术。通过需求分析和转化，形成智慧型应急预案的解决方案，解决“如何通过技术手段实现用户功能需求”的问题，并编制设计说明书，交由开发团队组织相关专家对解决方案开展可行性和科学性论证。最后，根据解决方案编写用户手册，便于用户熟悉基本情况、使用操作规则以及常见问题的处理方法。

开发人员根据解决方案对智慧型应急预案的各功能模块进行编码，将解决方案转化成计算机运行代码。开发人员应根据功能模块以及用户使用界面（网页、手机App等）的特点，选择合适的编码语言及数据库类型。例如，网页端编码语言（HTML、CSS等）、服务器端编码语言（PHP）、移动端编码语言（JAVA、C++等）、数据分析语言（Python）、数据库类型（Mysql、Oracle）等。

智慧型应急预案的特点决定了系统将大量应用GPS、物联网、互联网和手机终端信息采集等技术。解决方案需处理好技术应用与功能模块的相互支撑关系，同时也要考虑数据库与功能模块的逻辑关系、网络环境、硬件配置、界面设计等问题（图4-8）。

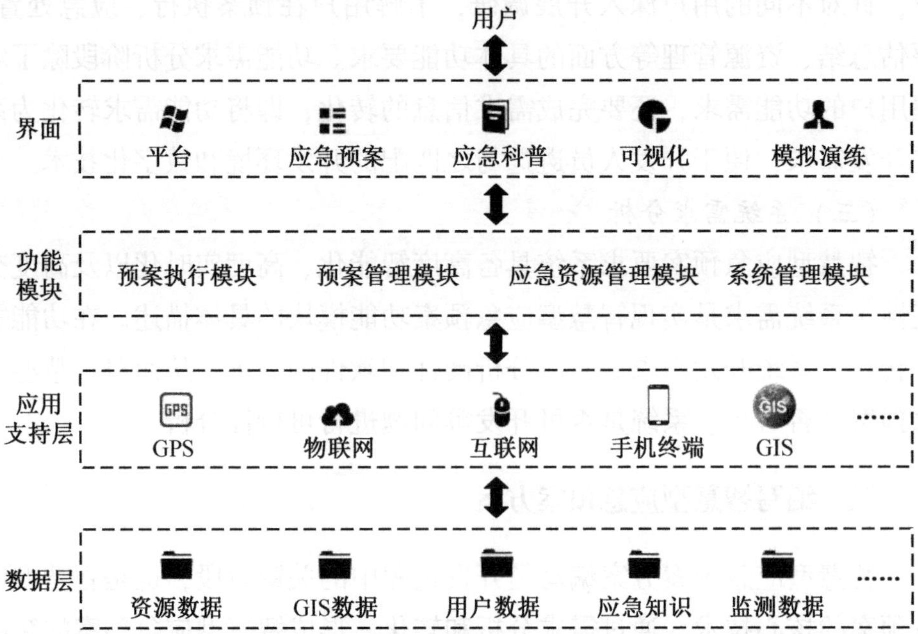


图4-8　智慧型应急预案方案设计

## 四、智慧型应急预案测试

测试人员针对各功能模块的程序编码反复测试和调试后，形成最终程序，以提高程序编写的规范性、易读性、可维护性，完善系统开发流程。主要测试内容包括功能模块测试、性能测试、界面测试、兼容性测试、可维护性测试等。

（一）测试人员的基本职责

（1）制定合理的测试计划。

（2）及时发现程序的缺陷问题。

（3）协助、督促开发人员解决程序的缺陷。

（4）对缺陷的改进开展跟踪、分析和总结。

（5）形成测试报告，并报送开发团队及负责人。

（二）测试的内容

（1）功能模块测试。主要测试每个功能模块是否可以实现、功能模块之间是否存在冲突等。

（2）性能测试。主要测试软件运行时的效率以及占用资源（CPU、内存、网络等）的能力，确保计算速度快、效率高、占用资源较少。

（3）界面测试。主要测试界面布局是否合理、控件位置是否恰当、文字是否有误、图片是否美观、表格是否合理等。

（4）兼容性测试。主要测试各功能模块与其他硬件环境、操作平台以及软件的兼容问题，这是保证各功能模块正常运行的重要保障。

（5）可维护性测试。主要测试智慧型应急预案系统可被维护和修改的能力，确保系统易修改、易测试、易维护。

## 五、设备运营与维护

智慧型应急预案在测试和运行过程中需对系统进行维护，保障系统高效、可靠、安全运行。通过系统的实时维护，使系统能够满足数据存储安全、运行环境稳定、硬件和软件设备正常运行等要求。

（一）硬件设备维护

主要针对服务器设备、存储设备、网络设备、物联网终端等开展日常定期检修和保养工作。设备维护人员需对硬件设备的日常运行状态进行监控，记录设备的检查日志，对设备故障的原因进行判断和解决，最大限度降低损失。

（二）软件系统维护

系统维护人员需监控系统平台运行，定时查看操作系统日志，发现问题及时处理，消除隐患，保障系统的稳定运行，并形成系统检测和维护报告。此外，需收集系统关键补丁、软件补丁等信息，与用户沟通确认后完成相关系统的升级，确保不会产生因兼容性导致的故障。

（三）数据库维护

数据库的日常运维需对数据库性能进行监控，实时检查数据库资源使用情况、运行情况、数据库运行日志、数据库用户登录情况，如实记录数据库日常运行状况及异常情况，填写数据库日常运行情况记录表。同时，需要做好数据库备份和恢复工作，确保功能模块优化升级与数据库同步。

## 第四节 智慧型应急预案实例

洪水灾害是我国最为频繁的自然灾害之一，严重威胁人民群众的生命财产安全。新中国成立以来，我国修建了大量水库拦洪蓄水，对防御洪灾功不可没。然而，在水库水文预报和调度方面，逐渐暴露出很多问题。传统的水库水文预报和调度工作一般根据水文预报及气象、水利等部门的信息，编制水库控制运用计划等应急预案来完成洪水调度。由于没有建立智能化系统，指挥人员在决策时往往没有实时跟进气象分析、雨情遥测、水文预报等信息，存在一定的滞后性。2022 年，水利部明确提出建设数字孪生流域，加强流域防洪领域“四预”（预报、预警、预演、预案）建设，并在数字孪生流域的基础上开展各类防洪业务应用。因此，构建智慧型应急预案是防洪“四预”应用和数字孪生技术结合的必然趋势，也是流域防洪调度智能化决策的重要保障。

浙江省温州市百丈漈水库以文本应急预案为基础，将计算机及网络技术应用于水库预报调度的处置流程中，搭建了洪水预报调度预案系统。根据实时的预报预测和模拟推演，分析不同降雨及调度控制条件下的洪水影响情况（如淹没面积、影响人口等），对比调度影响和效果，通过智能化决策提出最优的调度方案，实现了流域洪水调度智能化决策，提高了决策的科学性和准确性（图 4-9）。

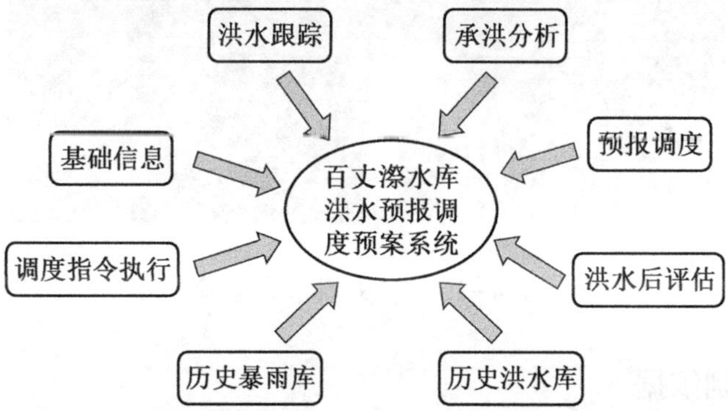


图 4-9 百丈漈水库洪水预报调度预案系统的应用场景

## 一、百丈漈水库概况

百丈漈一级水电站是于 1958 年经国务院批准，由国家投资兴建的“二五”计划时期重点工程项目之一（图 4-10）。电站于 1958 年 7 月开工兴建，1960 年 2 月水库开始蓄水运行。电站主要包括主坝、两座副坝、河岸式溢洪道、发电进水口等主要建筑物构成，设计洪水标准为 100 年一遇，校核洪水标准为 2000 年一遇。电站位于浙江省温州市飞云江左岸支流泗溪的中游，控制流域面积 88.6 $km^2$，水库流域多年平均降水量 1936.5 mm，多年平均蒸发量 892.8 mm，多年平均径流深 1256 mm 左右。水库大坝上游为高山丘陵区，大坝以上主河流长 19.7 km，河床平均坡降 5.14‰，水流湍急，汇流时间短促，流域汇流时间大约为 3~4 h。每年 7 月份以后，水库流域范围内高山雷雨多、台风威胁大，下游防洪标准较低，水库洪水预报调度压力较大。

图 4-10　百丈漈水库全景

## 二、编制依据

（1）《计算机软件文档编制规范》（GB/T 8567—2006）。

（2）《水文情报预报规范》（GB/T 22482—2008）。

（3）《风险管理　指南》（GB/T 24353—2022）。

（4）《蓄滞洪区设计规范》（GB 50773—2012）。

（5）《水文基本术语和符号标准》（GB/T 50095—2014）。

（6）《防洪标准》（GB 50201—2014）。

（7）《智能建筑设计标准》（GB 50314—2015）。

（8）《信息安全技术　网络安全等级保护基本要求》（GB/T 22239—2019）。

(9)《蓄滞洪区运用预案编制导则》(SL 488—2010)。

(10)《实时雨水情数据库表结构与标识符》(SL 323—2011)。

(11)《水情信息编码》(SL 330—2011)。

(12)《防汛抗旱用图图式》(SL 73.7—2013)。

(13)《水利水电工程通信设计技术规范》(SL 517—2013)。

(14)《水文自动测报系统技术规范》(SL 61—2015)。

(15)《洪水风险图编制导则》(SL 483—2017)。

(16)《水文资料整编规范》(SL 247—2020)。

(17) 其他有关的标准、规范。

## 三、整体架构

百丈漈水库洪水预报调度预案系统主要包括实时监测、预报调度、风险预警、数字预案、抢险预演等模块，可实现数字流域（利用技术构建的虚拟流域）和物理流域（现实流域）的虚实交互（图 4-11）。系统具备以下功能：

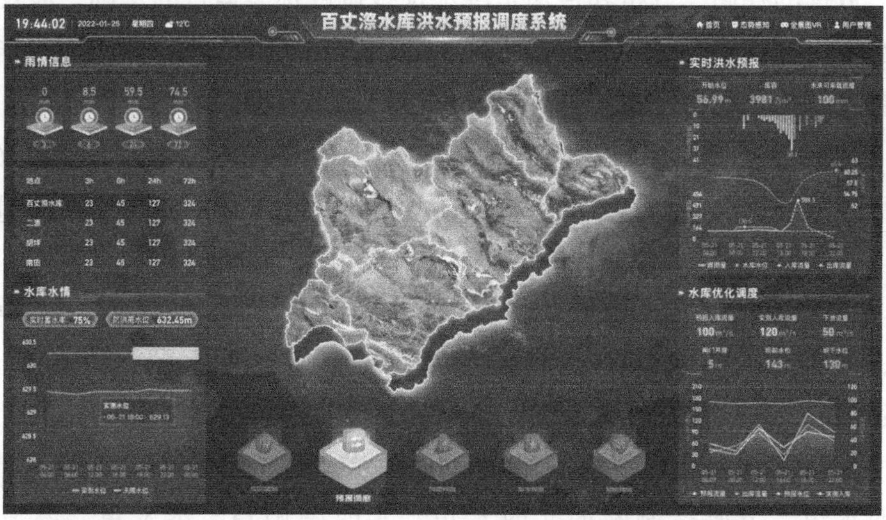


图 4-11 百丈漈水库洪水预报调度预案系统驾驶舱

（1）具备满足水库防汛实际需要的相关模型。

（2）具备能够支撑水库防洪调度的数据库及基础信息。

（3）能够依据实时雨情、水情、工情信息和洪水预报成果，以自动或人机交互方式生成实时防洪调度方案。

（4）具备开放式平台的功能，具有可扩展性和完整的管理功能。

## 四、系统功能

将基础数据全部导入百丈漈水库洪水预报调度预案系统后，可对库区天气、水情、视频监控等信息进行实时监测，真实展现水库坝体、地形地貌、水情态势、洪水预报调度等要素信息。结合专业模型算法、AI应用，对水库水雨情、流量水量等关键指标进行多维度综合自动分析，实现防洪调度成果的静态和动态显示，对异常态势进行实时预警告警，自动完成水库防洪“预报—预警—预案—预演”的“四预”精准决策和研判。

### （一）数据信息管理

数据的存储、分析和传递是洪水预报调度预案运行的基础，涉及历史水文数据、实时水情数据、水库预报调度规则等信息，信息种类多、数量大，该系统根据不同来源对数据进行分类管理。

（1）基础信息。包括百丈漈水库涉及的雨量站、水位站、流量站的空间地理信息、库容曲线、下游泄流量水位关系曲线、闸门泄流曲线等。

（2）历史水文信息。包括百丈漈水库历史特大洪水资料（如降雨量、库水位、发生日期、造成影响等数据）、历史防洪工程运用与工程抢险信息、洪水影响与灾情信息和洪水调度总结等信息。

（3）实时信息。包括实时水雨情监测数据（包括入库流量、坝前实时水位、下游控制断面实时水位、实时降雨量、蒸发量、渗流量等）、实时监控信息（包括库区内各个摄像监控区域实时信息、无人机巡航信息等）。

（4）预报预警信息。包括天气预报、洪水预报、最优调度方案、下游转移人口预警等信息。

（5）预案信息。集成已有水库防洪预案、调度规则和专家经验等信息。

（6）预演信息。包括虚拟仿真涉及的数字化场景要素。

（二）洪水预报与预警

通过对实时雨情信息、水情信息、气象信息以及台风信息进行在线监测和统计分析，自动根据雨量、水位等站点的预警阈值进行分析预警，并通过人工手动或系统自动的方式进行实时洪水预报。智慧型应急预案系统界面可实时预报洪峰流量及发生的时刻、未来3小时和未来24小时的入库流量等（图4-12）。

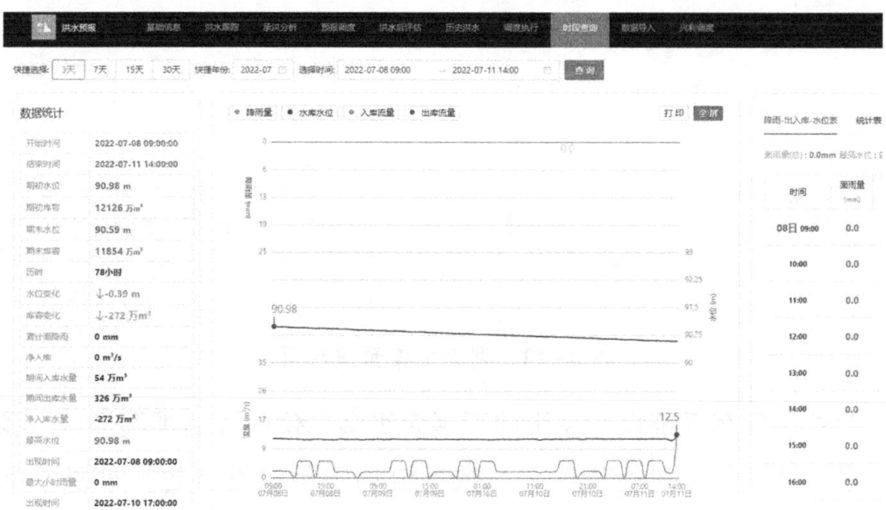

图4-12 洪水预报界面

同时，结合数字孪生技术，通过AR、VR、3D等元宇宙技术模拟整个流域的河流、地形、地貌和水利工程的数字化场景，并将物理流域监测的各类状态数据同步到数字流域，让用户在洪水预报调度预案系统界面上直观、真实地查看相关雨情、水情、工情的虚拟实况。例如，虚拟显示目前入库流量、水库水位、未来 72 小时下游雨量分配情况等。

（三）调度方案预演

根据洪水预报与预警，通过数字孪生技术，结合河流的自然地理状况、历史数据、水利模型等，构建数字化场景。在此基础上开展不同调度情景下百丈漈水库洪水预报和调度方案的推演，并模拟工程调度运行与河道洪水下泄全过程。通过调度方案预演，分析得出最优方案（图 4-13）。

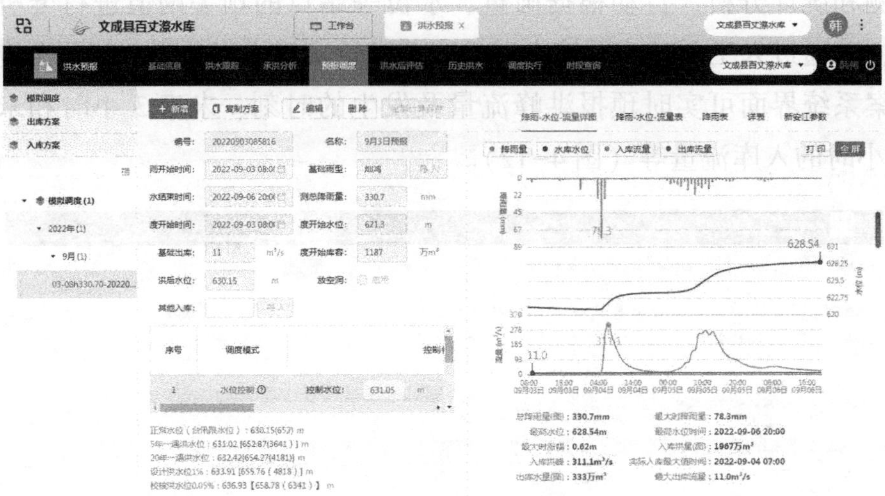

图 4-13 调度方案预演界面

此外，预案系统也可在汛前开展多级多单位的预案推演训练，预置历史最大洪水数据进行推演，在数字流场中预演发生超标准洪水如何防、怎么调度、人往哪转移等，并在预案推演过程中发现问题并调整预案，同时检验应急救援队伍协同救援能力。

（四）预案调度执行

通过预报预测、模拟推演和智能决策相结合，自动制定并执行最优化的水库洪水调度方案。同时根据上游下泄的实时情况，系统持续预测、跟踪百丈漈水库出入库流量、水位的发展演变，研判水库安全状况和下游薄弱环节（图 4-14）。依据调度规则和专家经验，通过人机交互方式，在自动生成的调度方案基础上，进一步修改水库运用参数，完成调度方案试算。通过手机和电脑终端实时查阅洪水数据与水库承洪能力，便于决策者实时掌握水库洪水调度情况。

此外，在预案调度执行过程中，系统自动生成、发布与保存洪水预警、洪水编号、应急响应、调度指令等防洪调度过程中的相关文件，并生成洪水调度简报，同时记录值班与调度执行情况。

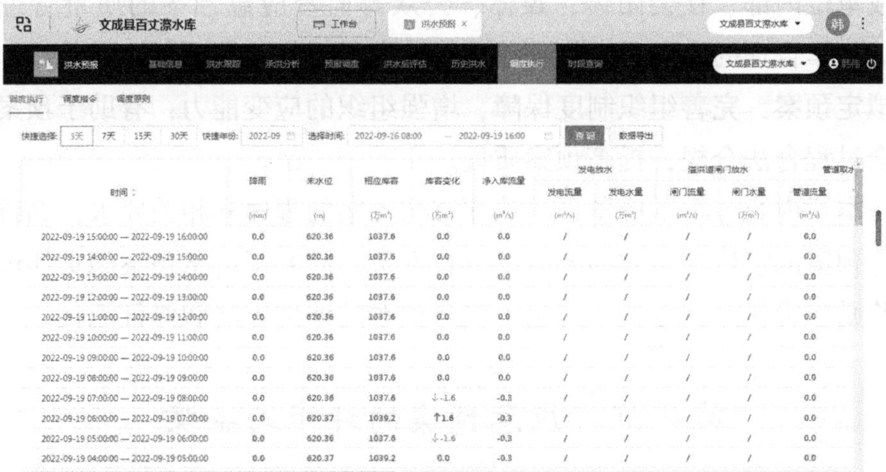


图 4-14 预案调度执行跟踪

# 第五章　应急预案管理与监管

应急预案管理是指有关部门或单位对应急预案编制后的评审、备案和印发及实施的过程中的一系列管理工作。应急预案监管是指各相关部门或单位内部、社会团体、媒体、公众等监督应急预案的质量管理工作。科学合理的应急预案管理与监管能有效督促地方、行业、单位、人群拟定预案，完善组织制度保障，增强组织的应变能力；有助于预案编制全过程合法合规，提高预案质量。

本章内容分析了应急预案的评审与备案的程序和相关要求，剖析了应急预案的宣传与培训的要点及方式方法，研究了应急预案的责任体系和奖励与责任追究办法，讨论了应急预案的评估方法和修订流程。

## 第一节　应急预案的评审与备案

### 一、应急预案的评审与公布

#### （一）应急预案评审目的

应急预案评审的主要目的是发现应急预案存在的问题，完善应急预案体系；提高应急预案的针对性、实用性和可操作性；增强相关应急预案之间的衔接；提高突发事件防范和应急处置能力。

#### （二）应急预案评审准则

应急预案的作用及实施的目的决定了应急预案评审的出发点，应急预案的评审主要有以下七项准则。

1. 合法性

应急预案中的内容应符合国家相关法律、法规和国家标准的要求。我国有关应急预案的编制工作必须遵守，因此评审应急预案时必须审核预案是否遵守《中华人民共和国突发事件应对法》《中华人民共和国安全生产法》《突发事件应急预案管理办法》等相关法律法规的规定。

2. 完整性

应急预案内容应完整，包含实施应急响应行动需要的所有基本信息。评审应急预案的完整性主要从下列三个方面开展：一是功能（职能）完整。应急预案中应说明有关部门应履行的应急预防、应急准备、应急响应和灾后恢复职能，明确为确保发挥这些职能而需要履行的支持性职能。二是应急过程完整。完整的应急管理一般可划分为应急预防、应急准备、应急响应和应急恢复四个阶段。三是适用范围完整。应急预案中应阐明该预案的适用地理范围。应急预案的适用范围不仅仅指在本区域或生产经营单位内发生事故时应启动预案，其他区域或企业发生事故也可能作为该预案的启动条件。因此，针对不同事故的性质，可能会对预案的适用区域进行扩展。

3. 针对性

针对性准则主要是指评审应急预案时应针对可能发生的事故类别、危险源、重点岗位明确相关责任和应对方案等。一是针对可能发生的各类突发事件。由于应急预案是针对可能发生的突发事件而预先制定的行动方案，因此在评审应急预案时，应重点关注可能发生的各类突发事件的分析和辨识是否全面。二是针对危险源。危险源历来是国家应急管理的重点对象，评审时应重点关注预案是否对危险源进行定期监测、评估、管控。三是针对薄弱环节。评审时应重点关注应急预案是否针对薄弱环节（应急管理过程中存在的人力、物力、资金、技术等不足）提出弥补措施。

4. 科学性

应急预案是开展应急管理工作的指导性文件。评审应急预案必须以科学的态度，重点审核机构设置、响应程序和处置方案等内容是否科学；应急方案是否合理可行、符合逻辑；不同部门之间能否有效联动协作；风险评估方案是否科学有效；应急预案的管理工作是否科学合理；能否连贯高效处置突发事件。

5. 可操作性

应急预案应具有实用性与可操作性。评审时应重点关注有关单位的物资、人员等各方面的保障是否充分；应急响应、应急处置和保障措施等是否规范化、图解化、简易清晰且便于操作；是否与其他应急预案重复或矛盾，是否做到相互衔接、有机统一。当突发事件的状态发生变化或引起次生事故时，该预案能否灵活调整，确保继续适用。

6. 规范性

应急预案应当包含应急所需的所有基本信息，这些信息如组织不善可能会影响预案执行的有效性，因此预案评审时应重点审核预案信息的组织是否便于使用和获取，是否具备相当的可读性。一是易于查询。应急预案中信息的组织方式应有助于使用者找到他们所需要的信息，各章节组成部分阅读起来较为连贯，使用者能够较为轻松方便地掌握章节安排的基本原理，查询到所需要的信息。二是语言简洁，通俗易懂。预案内容应使用规范的语言表述，并尽可能使用诸如地图、曲线图、表格等多种信息表现形式，使所编制的应急预案语言简洁，通俗易懂。三是层次及结构清晰。应急预案应有清晰的层次和结构。由于应急预案用于指导实际应急管理工作，因此，应审核各应急管理阶段是否明确了具体工作条理和各部门职责。

7. 衔接性

应急预案的评审要重点审核预案是否与其他相关应急预案协调一致、相互兼容。其他预案的范围包括：上级应急预案，如政府、主管部门的应急预案；下级应急预案，如生产经营单位的应急预案；相邻生产经营单位的应急预案；本地其他灾种的应急预案。

（三）应急预案评审方法及内容

应急预案评审分为形式审核和要素评审，采用符合、基本符合、不符合三种意见进行判定。对于基本符合和不符合的文件，应提出指导性意见或建议。

1. 形式评审

形式评审主要用于应急预案备案时的评审，对应急预案的层次结构、内容格式、语言文字、附件项目和编制程序等内容进行审查，重点审查应急预案的规范性和编制程序，应急预案形式评审主要内容见表5-1。

表5-1　应急预案形式评审主要内容

| 序号 | 评审项目 | 评审内容及要求 |
| --- | --- | --- |
| 1 | 目录 | （1）有目录。<br>（2）目录结构完整，包含批准页，章节的编号和标题、条目的编号和标题，附件等内容。<br>（3）目录层次清晰、合理。<br>（4）目录的页码与实际内容页码对应 |
| 2 | 正文 | （1）文字通顺，语言精练，通俗易懂。<br>（2）正文段落结构清晰，层次明显，可快速、方便地查找有关内容。<br>（3）正文中的图表、文字清楚，编排合理（名称、顺序、大小等）。<br>（4）正文无错别字，同类文字的字体、字号相互统一。<br>（5）文字通常从左至右横写、横排，特殊除外。<br>（6）正文文字通常采用宋体或仿宋，不采用特殊的艺术字体 |
| 3 | 附件 | （1）应急预案附件齐全，编排顺序清晰、合理。<br>（2）附件如有序号使用阿拉伯数字。<br>（3）附件左上角标识“附件”，有序号时标识序号。<br>（4）附件名称及序号应在目录中体现，做到前后标识一致。<br>（5）特殊情况下，附件可以独立装订 |
| 4 | 编制过程 | （1）全面分析本单位危险因素，确定可能发生的事故类型及危害程度。<br>（2）针对事故危险源和存在的问题，确定相关的防护措施。<br>（3）充分征求应急预案相关部门意见，并有意见汇总及采纳情况记录。<br>（4）必要时，与相关应急救援单位签订应急救援协议 |

2. 要素评审

要素评审主要是依据有关规定和标准，根据七项准则对应急预案进行评审，多用于生产经营单位组织的应急预案评审工作。评审的要素包括关键要素和一般要素，具体包括危险性分析、组织机构及职责、信息报告与处置和应急响应程序与处置技术等要素，应急预案要素评审的主要内容见表 5-2。

表 5-2 应急预案要素评审的主要内容

| 序号 | 评审项目 | | 评审内容及要求 |
|---|---|---|---|
| 1 | 总则 | 编制目的 | 编制目的明确，内容简明扼要 |
| | | 编制依据 | （1）引用文件均为应急预案编制时期最新版本。<br>（2）不得越级引用应急预案，做到应急预案衔接 |
| | | 应急预案体系 | （1）能够清晰描述本单位的预案体系构成。<br>（2）应急预案体系基本能覆盖本单位可能发生的事故类型 |
| | | 应急工作原则 | （1）能够体现以人为本、预防为主、依法规范。<br>（2）能够体现统一指挥、协调有序、平战结合、快速响应 |
| 2 | 适用范围* | | （1）应急预案适用范围明确。<br>（2）适用的事故类型和级别明确 |
| 3 | 危险性分析 | 编制单位概况 | （1）内容清晰，突出单位性质、与危险性有关的设施、装置、设备，以及重要目标、场所和周边布局情况等。<br>（2）能够让各方应急力量（包括外部应急力量）事先熟悉单位的基本情况及周边环境 |
| | | 危险源与风险分析* | （1）能够客观分析本单位存在的危险源及危险程度。<br>（2）能够客观分析引发事故的诱因、事故影响范围及危害后果 |
| 4 | 组织机构及职责 | 应急组织体系* | （1）能够清晰描述本单位的应急组织体系。<br>（2）明确成员单位或领导在日常及应急状态下的工作职责。<br>（3）规定的工作职责合理，相互衔接 |
| | | 指挥机构及职责* | （1）能够清晰描述本单位应急指挥体系。<br>（2）明确应急救援的总指挥、副总指挥和各应急救援小组及其相应职责。<br>（3）各应急救援小组设置合理，应急工作明确 |

表 5-2（续）

<table>
<tr><th>序号</th><th colspan="2">评审项目</th><th>评审内容及要求</th></tr>
<tr><td rowspan="5">5</td><td rowspan="5">预防与预警</td><td>危险源管理</td><td>（1）明确事故预防和应急准备。<br>（2）明确重大危险源所采取的主要技术性预防措施</td></tr>
<tr><td>预警行动</td><td>（1）按照事故发生的紧急程度和危害程度进行预警。<br>（2）预警级别与采取的预警措施能有机衔接。<br>（3）明确预警信息发布的方式及流程</td></tr>
<tr><td rowspan="3">信息报告与处置*</td><td>（1）明确本单位 24 小时应急值守电话。<br>（2）明确本单位内部信息报告的形式及要求。<br>（3）明确本单位内部信息的报告与处置流程</td></tr>
<tr><td>（1）明确事故信息上报的部门及通信方式。<br>（2）明确向上级有关部门报告的内容和时限。<br>（3）信息上报内容和时限符合国家有关规定要求</td></tr>
<tr><td>（1）明确事故发生后向可能遭受事故影响的单位发出通报的方式、方法。<br>（2）明确事故发生后向有关单位发出请求支援信息的方式、方法。<br>（3）信息的通报或请求支援信息的发出应符合国家有关规定和要求</td></tr>
<tr><td rowspan="3">6</td><td rowspan="3">应急响应</td><td>响应分级*</td><td>（1）应急响应分级清晰，符合实际。<br>（2）响应分级能够体现事故紧急和危害程度。<br>（3）明确事故状态下的决策方法，以及应急行动程序和保障措施</td></tr>
<tr><td>响应程序*</td><td>（1）响应程序立足于控制事态发展和扩大，减少事故影响。<br>（2）明确救援过程中各专项应急功能的实施程序。<br>（3）明确扩大应急的基本要求及内容。<br>（4）能够辅以图表等方式提高应急响应程序的直观性</td></tr>
<tr><td>应急结束</td><td>（1）明确应急救援行动结束的条件和相关事宜。<br>（2）明确发布应急终止命令的组织机构和程序。<br>（3）明确事故应急救援结束工作总结的部门</td></tr>
</table>

表 5-2（续）

<table>
<tr><th>序号</th><th colspan="2">评审项目</th><th>评审内容及要求</th></tr>
<tr><td>7</td><td colspan="2">信息沟通与后期处置</td><td>（1）明确事故发生后，与外界信息沟通的责任人，以及具体办法。<br>（2）明确事故发生后，污染物处理、生产恢复、善后赔偿等内容。<br>（3）明确应急救援能力评估及应急预案的修订等内容</td></tr>
<tr><td>8</td><td colspan="2">保障措施*</td><td>（1）明确与应急工作相关单位或人员的通信方式，确保应急期间信息通畅。<br>（2）明确应急装备、设施和器材清单，以及存放位置，并保证其有效性。<br>（3）明确各类应急资源，包括专业应急队伍、兼职应急队伍的组织与保障方案</td></tr>
<tr><td>9</td><td colspan="2">培训与演练</td><td>（1）明确对本单位人员开展应急管理培训的计划、方式方法。<br>（2）如果应急预案涉及社区和居民，明确应急宣传教育工作的内容和方式。<br>（3）明确应急演练的方式、频次、范围、内容、组织、评估、总结等内容</td></tr>
<tr><td>10</td><td colspan="2">奖惩</td><td>明确事故应急救援工作中奖励和处罚的条件和内容</td></tr>
<tr><td rowspan="3">11</td><td rowspan="3">附则</td><td>应急预案备案</td><td>（1）明确本预案的报备部门，包括上级主管部门及地方政府有关部门。<br>（2）相关内容应符合国家关于预案备案的有关要求</td></tr>
<tr><td>制定与修订</td><td>（1）明确应急预案负责制定与解释的部门。<br>（2）明确应急预案修订的条件和年限</td></tr>
<tr><td>应急预案实施</td><td>明确应急预案生效实施的具体时间</td></tr>
</table>

注：“*”代表应急预案评审的关键要素。

（四）应急预案评审周期

应急预案评审周期分定期和不定期两种。正常情况下，应急预案的评审一般每三年进行一次。不定期评审主要由培训和演练中发现的问题、重大事故灾难的应急经验与教训、国家或地方有关应急法规发生变化、危险源及环境的变化等相关影响因素决定是否需要评审预案。

（五）应急预案的发布

国家总体应急预案报国务院审批，以国务院名义印发；专项应急预案由预案编制牵头部门送应急管理部衔接协调后，报国务院审批，以国务院办公厅名义印发；部门应急预案由部门会议审议决定，以部门名义印发，涉及其他部门职责的，可与相关部门联合印发，必要时，可以由国务院办公厅转发。

地方各级人民政府总体应急预案应当经本级人民政府常务会议审议，以本级人民政府名义印发；专项应急预案应当按照程序送本级应急管理部门衔接协调后，报本级人民政府审批，必要时经本级人民政府常务会议或专题会议审议，以本级人民政府办公厅（室）名义印发；部门应急预案审批印发程序按照本级人民政府和上级有关部门的应急预案管理有关规定执行。

重大活动保障应急预案、巨灾应急预案由本级人民政府或部门审批。跨行政区域联合应急预案审批由相关人民政府或其授权的部门协商确定，并参照政府专项应急预案或部门应急预案管理。

单位和基层组织应急预案须经本单位或基层组织主要负责人签发，以本单位或基层组织名义印发。审批方式根据所在地人民政府及有关行业管理部门规定和实际情况确定。

## 二、应急预案的备案

（一）备案部门

1. 政府部门

地方各级人民政府应急管理部门的应急预案，应当报同级人民政府备案，同时抄送上一级人民政府应急管理部门，并依法向社会公布。

地方各级人民政府其他负有安全生产监督管理职责的部门的应急预案，应当抄送同级人民政府应急管理部门。

2. 经营单位

属于中央企业的人员密集经营单位，向县级以上人民政府应急管理部门和其他负有安全生产监督管理职责的部门进行备案，并依法向社会公布。其总部（上市公司）的应急预案，报国务院主管的负有安全生产监督管理职责的部门备案，并抄送应急管理部；其所属单位的应急预案报所在地的省、自治区、直辖市或者设区的市级人民政府主管的负有安全生产监督管理职责的部门备案，并抄送同级人民政府应急管理部门。

在不属于中央企业的经营单位中，非煤矿山、金属冶炼和危险化学品生产、经营、储存、运输企业，以及使用危险化学品达到国家规定数量的化工企业、烟花爆竹生产和批发经营企业的应急预案，按照隶属关系报所在地县级以上地方人民政府应急管理部门备案；前述单位以外的其他生产经营单位应急预案的备案，由省、自治区、直辖市人民政府负有安全生产监督管理职责的部门确定。

油气输送管道运营单位的应急预案，除按照经营单位的规定备案外，还应当抄送管道所经行政区域的县级人民政府应急管理部门。

海洋石油开采企业的应急预案，除按照经营单位的规定备案外，还应当抄送管道所经行政区域的县级人民政府应急管理部门和海洋石油安全监管机构。

煤矿企业的应急预案，除按照经营单位的规定备案外，还应当抄送所在地的煤矿安全监察机构。

（二）备案材料

1. 应急预案备案申报表

应急预案备案申报表是应急预案备案单位的申请，主要明确应急预案申报备案的单位名称、备案的应急预案名称、联系人、联系电话、备案单位地址以及应急预案备案有关说明。

2. 会议研究通过应急预案的决议或者批复

主要包括会议研究通过的应急预案审批文件复印件或法定代表人签署的文件复印件。

3. 应急预案编制说明

应急预案编制说明是对应急预案编制情况的基本反映，是了解和检查应急预案编制的基本资料。主要涵盖以下要素：应急预案编制的必要性；应急预案编制工作开展情况；应急预案的主要内容与特点；应急预案主要解决的问题及其他情况说明。

4. 风险分析与应急能力评估报告

主要包括突发事件的风险程度分析评价、当地应急资源现状评价以及所需采取的应急任务清单，可作为制定应急响应措施的依据。

5. 应急预案专家评审意见

应急预案评审过程中形成的书面评审纪要（附有专家的签字）。

6. 应急预案文本及电子文档

已经进行应急预案备案的单位，在申请安全生产许可证时，可以不提供相应的应急预案，仅提供应急预案备案登记表。

（三）备案时限

在应急预案公布之日起 20 个工作日内，按照分级属地原则，申报单位向县级以上人民政府应急管理部门和其他负有安全生产监督管理职责的部门进行备案。

受理备案登记的有关部门应当在 5 个工作日内对应急预案材料进行核对，材料齐全的，应当予以备案并出具应急预案备案登记表；材料不齐全的，不予备案并一次性告知需要补齐的材料。逾期不予备案又不说明理由的，视为已经备案。

## 第二节 应急预案的宣传与培训

### 一、应急预案宣传

（一）应急预案宣传的作用

应急预案的宣传能够让社会普通人群更好地学习、了解、领会应急预案，强化全社会每个成员的应急防范意识及自救、互救的知识和能力。对于应急预案相关单位及从业人员，宣传教育能强化对应急预案的认识，提升对应急预案的重视程度。

（二）应急预案宣传的形式

应急预案宣传的形式多种多样，根据宣传的载体可以分为线上和线下两种宣传形式。

1. 线上宣传

线上宣传是以网络为主，充分发挥广播、电视、互联网等媒体的作用，灵活运用手机短信、社交软件、视频平台等多种手段，积极开展各种公众喜闻乐见的宣传活动，做到“广播有声、电视有影、网络有言”，为应急预案宣传营造良好的舆论环境。各有关部门可视情况在官方微博、微信上开辟应急预案专栏，发布应急预案信息、工作进展、预案知识，解答社会关切问题。

2. 线下宣传

线下宣传以实物文本和面对面交流的方式为主。应急预案编写小组应制作程序清晰、重点突出、图文并茂、通俗易懂、便于阅读的应急预案简本，发放给有关单位和公众。充分利用各级党委、政府现有的媒体资源和传播渠道，设立专刊，开设专题访谈，邀请有关应急管理专家、学者深入一线进行现场宣讲和专题辅导，普及应急知识，弘扬应急文化，提升应急能力，使应急预案家喻户晓、深入人心。

（三）应急预案宣传的要点

1. 长期化

应急预案的宣传教育要长期不懈的开展，只有长期坚持才能真正深入人心。各级人民政府应组织有关部门利用多种形式，有组织、有计划地开展应急知识的普及教育，指导公众以科学的行为和方式对待突发事件。

2. 差异化

宣传教育，贵在有效。应急预案宣传的主体无疑是应急预案相关从业人员和社会公众，但社会公众存在非常明显的差异性。结合群体差别进行差异化宣传教育，是有效开展宣传的前提和基础。以社会公众为例，不同年龄段和不同教育程度的人群对预案宣传的接受有差别。若不做类别区分，而按同一模式、同一内容进行应急预案宣传教育，显然事倍功半。

## 二、应急预案培训

（一）应急预案培训的作用

开展应急预案培训，可以不断增强突发事件防范意识、忧患意识和突发事件应对工作的参与意识，建立健全突发事件应对工作机制，是做好突发事件应对工作的重要保障。

（二）应急预案培训对象及内容

应急预案培训对象主要包括各级领导干部、应急管理工作者、政府新闻发言人、应急管理专家、基层干部、企事业单位负责人、应急队伍等。

（1）领导干部重点熟悉和了解应急预案编制工作开展情况、应急事件组织指挥及相关法律法规。

（2）应急管理工作者重点熟悉和掌握应急预案管理、应急预案启动和应急处置流程等相关工作制度。

(3) 政府新闻发言人重点熟悉应急预案所规定的突发事件信息发布的程序、方法和要求，及时发布准确信息。

(4) 应急管理专家重点了解公共安全与应急管理、应急咨询与服务、应急预案与演练组织评审评估的方法与标准等。

(5) 基层干部重点熟练掌握应急预案在突发事件应对过程中的预警信息发布、应急处置要求、基本技能技巧和相关防护措施等要点。

### (三) 应急预案培训的方法

#### 1. 授课、演说

各级党委、政府、单位和基层组织宜将应急预案培训作为应急管理培训的重要内容纳入其科普宣教工作总体计划，进行统一安排部署。根据不同培训对象设置培训课程，邀请应急管理领域专家或组织内部人员讲授应急预案法律法规、应急预案评审评估方法与标准等内容。同时，也可以在学校、文化礼堂等公共场所，组织开展应急预案主题演讲，以扩大应急预案的宣传受众，提升公众的应急处置能力和安全防范能力。

#### 2. 案例研讨

应急预案编写小组应制作程序清晰、重点突出、图文并茂、通俗易懂、便于阅读的应急预案范本，组织应急预案编制人员讨论学习。收集整理其他优秀应急预案文本，开展研讨学习会，学习优秀应急预案的编制框架和亮点。在此过程中，还可以应用BIM等技术为应急预案的案例研讨提供逼真的可视化展示。

#### 3. 应急预案演练

应急预案演练就是针对应急预案而组织的演练活动，是检验应急预案的重要手段。持续高效的应急培训和重复性应急处置训练是提高应急救援队伍应急能力最有效的手段之一。依据应急预案，通过开展角色扮演与应急救援实操，有助于应急预案组织责任人更加快速的熟悉应急预案内容。

## 第三节 应急预案的监督管理

### 一、应急预案的责任体系

#### （一）政府内部监督

政府内部监督的主体是政府机关，政府对其所属各职能部门、主管单位、隶属单位进行监督，也包括同级政府机关之间以及下级政府机关对上级政府机关的监督。上级政府机关需要对下级上报的应急预案资料进行审核、备案并督促其完成评估、修订等工作。下级政府机关也需要监督上级是否依据相关法律法规完成相关工作。

#### （二）社会团体监督

社会团体监督主要指相关社会组织和利益集团对国家机关和公职人员编制与执行应急预案的监督。如社会救援队、红十字会等社会团体可以通过对话、协商、舆论宣传等形式，开展对相关政府编制预案与管理活动的监督。各级社会团体组织通过相互沟通和协调，依法维护和落实其知情权、参与权和监督权，不断完善监督措施，加强对应急预案的监督管理，切实保障公众权益。

#### （三）公众监督

公众监督主要是指公民通过批评、建议、检举、揭发、申诉、控告等基本方式对应急预案的合法性与合理性进行监督。在应急预案的监督管理过程中，可以通过不断扩大公众参与范围，促进社会公众了解情况，从而参与监督；引导政府部门加强内部监督，保障公众的监督权，鼓励公众参与监督，及时举报各类隐患。

### 二、奖励与责任追究

#### （一）奖励

1. 奖励的等级

根据《应急管理系统奖励暂行规定》，奖励分为集体奖励和个人奖励。奖励由低至高依次分为嘉奖、记三等功、记二等功、记一等功、授予称号。授予个人称号分为“全国应急管理系统一级英雄模范”“全国应急管理系统二级英雄模范”；授予集体称号的名称根据被授予集体的事迹特点确定。

2. 奖励条件

具备下列条件之一的，应当给予奖励：

(1) 锐意改革创新、勇于探索实践，具有强烈的事业心和责任感，恪尽职守，勤勉尽责，业务精湛，甘于奉献，在加强应急管理基础建设，科学制定和实施应急预案等方面取得显著成绩。

(2) 其他方面取得成绩突出的。

3. 奖励标准

对符合奖励条件的集体和个人，根据其事迹及作用、影响，按以下标准确定奖励等级。

(1) 对成绩突出的，给予嘉奖。

(2) 对成绩突出，有较大贡献的，记三等功。

(3) 对成绩显著，有重要贡献的，记二等功。

(4) 对成绩显著，有重大贡献和影响的，记一等功。

(5) 对成绩卓著，有特殊贡献和重大影响，堪称典范的，授予称号。

对因同一事获得上级部门、单位奖励的，下级部门、单位不再重复奖励。对符合奖励条件的已故人员，可以追授奖励。

集体或者个人因涉嫌违纪违法等问题正在接受组织调查的，应当暂停实施奖励。集体发生严重违纪违法或者重大失职、失误问题的，原则上一年内不予奖励；情节特别严重、影响特别恶劣的，原则上两年内不予奖励。个人受到诫勉、组织处理或者党纪政务处分等影响期未满的，原则上不予奖励。

（二）责任追究

1. 政府及相关部门及责任人员

《中华人民共和国突发事件应对法》对政府、政府有关部门及其责任人员不履行法定职责应当承担的责任作了明确规定：地方各级人民政府和县级以上各级人民政府有关部门违反本法规定，不履行法定职责的，由其上级行政机关或者监察机关责令改正；有下列情形之一的，根据情节对直接负责的主管人员和其他直接责任人员依法给予处分。

（1）未按规定采取预防措施，导致发生突发事件，或者未采取必要的防范措施，导致发生次生、衍生事件的。

（2）迟报、谎报、瞒报、漏报有关突发事件的信息，或者通报、报送、公布虚假信息，造成后果的。

（3）未按规定及时发布突发事件警报、采取预警期的措施，导致损害发生的。

（4）未按规定及时采取措施处置突发事件或者处置不当，造成后果的。

（5）不服从上级人民政府对突发事件应急处置工作的统一领导、指挥和协调的。

（6）未及时组织开展生产自救、恢复重建等善后工作的。

（7）截留、挪用、私分或者变相私分应急救援资金、物资的。

（8）不及时归还征用的单位和个人的财产，或者对被征用财产的单位和个人不按规定给予补偿的。

所谓直接负责的主管人员是指在行政机关实施的违法行为中起决定、批准、授意、纵容、指挥等作用的人员，一般是行政机关的主要负责人。其他直接责任人是指具体实施违法行为并起较大作用的人员，可以是单位的管理人员、工作人员。根据《中华人民共和国公务员法》第六十二条和《行政机关公务员处分条例》第六条规定，行政处分为警告、记过、记大过、降级、撤职、开除，给予处分由任免机关或者监察机关按照惯例权限决定。

2. 应急预案有关单位

根据《中华人民共和国突发事件应对法》有关规定：有关单位有下列情形之一的，由所在地履行统一领导职责的人民政府责令停产停业，暂扣或者吊销许可证或者营业执照，并处五万元以上二十万元以下的罚款；构成违反治安管理行为的，由公安机关依法给予处罚。

(1) 未按规定采取预防措施，导致发生严重突发事件的。

(2) 未及时消除已发现的可能引发突发事件的隐患，导致发生严重突发事件的。

(3) 未做好应急设备、设施日常维护、检测工作，导致发生严重突发事件或者突发事件危害扩大的。

(4) 突发事件发生后，不及时组织开展应急救援工作，造成严重后果的。

前款规定的行为，其他法律、行政法规规定由人民政府有关部门依法决定处罚的，从其规定。

## 第四节 应急预案评估与修订

### 一、应急预案的评估

应急预案评估是应急预案监督管理的重要组成部分，是应急预案管理机构按照一定程序对应急预案的完整性、系统性、科学性和有效性进行的一种监管行为。应急预案评估一般由应急预案编制单位在应急预案管理部门的指导下组织实施，也可委托第三方机构组织实施。评估人员通常由相关领域专家、具有丰富现场处置经验的工作人员和应急预案修编单位的负责同志组成。应急预案评估包括效果评估和内容评估两个方面。结合应急演练和突发事件处置工作开展情况的原始记录，运用综合评估法、决策树法、专家经验法等方法进行对比分析，形成对应急预案管理与应急预案执行过程的基本评估，并给出相应的结论。

评估结论分为符合、基本符合和不符合三种形式。评估结论为符合的，应急预案可不做修订；对于评估结论为基本符合、不符合的应急预案，评估结论报告应明确不符合项和修订项的主要问题，并提出修订改进意见。应急预案评估结论由综合评估结论和评估专家个人意见两部分组成。

## 二、应急预案的修订

由于应急预案中的政策环境、问题导向、应急资源、相关主体等可能随时间推移而产生变化，应急预案的相关内容也应结合应急管理工作实际需求进行修改。如出现下列情形之一，应急预案应当及时修订并归档。

（1）有关法律、行政法规、规章、标准、上位应急预案中的有关规定发生变化的。

（2）组织指挥机构及其职责发生重大调整的。

（3）面临的风险发生重大变化的。

（4）重要应急资源发生重大变化的。

（5）应急预案中的其他重要信息发生变化的。

（6）在突发事件应对和应急演练中发现问题，需要作出重大调整的。

（7）经过检查评估，认为需要修订的。

（8）应急预案制定单位认为应当修订的其他情况。

应急预案修订完毕后，应当编写应急预案修订情况说明。其内容包括应急预案修订的必要性、目的和意义、主要修订过程、采取的主要方法、修订内容对比（原应急预案的内容、新修订的内容、修订的原因与依据、修订后解决的问题)、修订后的应急预案功能和作用等。

应急预案修订程序应遵循应急预案编制的主要工作程序，其他程序能简化的可以尽量简化，但涉及组织指挥体系与职责、应急处置程序、主要处置措施、突发事件分级标准等重要内容的，应急预案修订应按照应急预案编制的基本程序组织修订。仅涉及其他信息或附件内容，如装备器材清单、应急队伍数量、联系方式、相关附件变更等，可根据实际情况适当简化程序，仅对变更的部分进行修订或替换即可。如人员信息、物资数量清单、有关表格调整等内容发生变化，可不作修订，只需完善相关信息即可。应急预案修订后不需要重新印发的，其修订内容均应函告应急预案成员单位，并做好相关记录。

# 第六章 应急演练概述

应急演练是应急管理体系中的重要组成部分，通过演练可以评估应急准备状态，发现并及时修改应急预案、执行程序、救援行动中的缺点和不足，进一步提高参演人员的反应能力、救援能力以及协调作战能力。有计划、有目的地开展应急演练，对于有效防范事故发生、提高应急行动的成功率、降低事故损失和危害、及时发现并修正应急管理预案及处置流程的缺欠、提升应急能力具有十分重要的作用。

本章的主要内容包括阐述应急演练的概念，明确应急演练类型与形式，分析应急演练的重要作用，梳理国内外应急演练经验，研判应急演练发展趋势，剖析存在的主要问题并提出完善建议。

## 第一节 应急演练的概念

应急演练是指在一个事先模拟的特定情景条件下，当发生突发事件时，应急指挥体系中的各个组成部门、单位或群体的人员执行各自职责任务的排练活动。通过应急演练，可以达到检验预案、锻炼队伍、磨合机制、宣传教育、完善应急管理体系和能力的目的，从而推进我国应急管理体系和能力现代化。

## 第二节　应急演练类型与形式

### 一、桌面推演

桌面推演是一种圆桌讨论、演练的活动，一般由应急策划组织的负责人员与应急流程中联动单位的关键岗位人员参与。它一般是在会议室中进行，氛围比其他演练略为轻松。桌面推演一般依托于桌面、地图、沙盘、计算机模拟、视频会议、流程图等形式。

桌面推演的主要任务是让各成员单位清楚本部门在应急预案中既定的职责和程序，提升相互之间的沟通协调、配合与解决问题的能力。事后通常以口头的形式提出演练的各类建议，并提交简短的书面报告。该类演练成本较低，可为专项演练和综合演练做好基础准备工作。

例如，2022 年 8 月 4 日，浙江省宁波市北仑区大榭街道开展防汛防台数字化应急演练。通过“浙里练”基层应急演练数字化产品，立足乡镇（街道）和村级防汛责任人，利用三维仿真技术，构建可视化演练场景，将丰富的应急救援知识贯穿到演练流程中，让基层人员以参演角色的形式参与到数字化演练过程中。演练全流程模拟基层防汛防台会商、应急响应启动、小流域山洪等危险区域人员转移、工程抢险（险情处理）、灾后恢复等防汛防台过程中常见场景模块。各模块中穿插监测预警、指挥决策、抢险救援、知识问答等多个节点，形成一套网格化的可交互常态化训练的演练形式。

### 二、专项演练

专项演练是指针对某项应急响应功能或其中某些应急响应行动举行的演练活动，是综合演练的简化版，目的在于提升应急人员在突发事件中的响应能力与职责熟悉程度，检验相应部门在应急流程中的执行和配合能力，检验单项预案流程的可行性、科学性。

专项演练主要以应急指挥中心或现场指挥部作为指挥点位，对要求的科目进行有针对性的演练。与桌面推演相比，专项演练规模更大，调用的成员、资源更为复杂，因此对于应急策划组来说协调工作会更难开展。演练结束后应当向有关部门提交本次演练的书面报告。

例如，在2020年西湖区抗雪防冻应急演练中，现场开展了道路清雪防滑、雪山被困人员搜救等专项科目的演练。在道路清雪防滑的科目中，西湖区应急管理局、西湖区城管局和属地镇街组织抢险队伍利用滑移装载车、斜角清扫车、手推除雪车等设备对交通道路进行除障碍、清雪、防滑处理；在雪山被困人员搜救的科目中，西湖区应急管理局指派了两支社会救援力量，利用绳索横渡装备营救被困人员。再如，在2021年绍兴市上虞区旅游突发事件应急演练中，现场调用了公安、消防、社会救援力量、气象、属地镇街等成员单位的人员，按照专项预案的分工，针对失联游客进行了专项搜救训练。演练既检验了专项预案的可操作性，也锻炼了各单位在此次处置流程中的配合能力。

## 三、综合演练

综合演练是指对于应急预案中全部或者绝大部分的应急响应功能进行演练。综合演练规模庞大，调用的人力、物力资源也远远超过桌面推演与专项演练。综合演练要求全流程、多要素地开展实战演练。一般来说，由于科目繁多，演练耗时会长达数小时。

综合演练对场地的要求是以上三种演练中最高的，演练的情景、流程、应急人员的行为都应是最为接近真实情况的。所有演练实质上最终目的都是为了检验应急预案，检验各部门之间的相互协调能力和应急响应的能力，并期望得到一个较大的提升。综合演练不仅仅是对参演单位、人员的检验和提升，也是对演练组织者的严苛考验。

例如，在2022年金华市暨婺城区亚运会运场馆应急救援演练中，围绕浙江省运动会举行赛事期间通信中断、人员落水、运动员受伤、场馆火灾、个人极端警情等各类突发事件，现场开展了疫情防控、通信电力保障、水上救援、医疗救护、火灾扑救、维稳安保等科目的演练。金华市婺城区的亚运省运工作领导小组成员单位按相关应急预案及工作方案，针对突发事件进行充分研判，调度了十支救援队伍及物资装备前往突发事件现场，充分考验了各类突发事件的应急处置能力。

## 第三节　应急演练的重要作用

### 一、提升对突发事件的风险意识

突发事件的显著特点是其突发性，事件以何种方式出现、何时出现往往是人们无法把握的。因此，在日常生活中，应急管理单位的各成员要提高对突发事件风险的警惕性，公众也需增强风险意识，学习掌握一定的应急处置能力，提高自救、互救能力，确保生命安全。通过应急演练，真实事件与整体流程的模拟能够让各参与成员对于自身职责、突发事情的严重性有更深刻的认识。同时可起到良好的宣传作用，促使公众学习和掌握应急知识。

### 二、检验应急预案的可行性与科学性

“实践是检验真理的唯一标准”。通过应急演练的举行，预案编制者可以发现应急预案中存在的问题与不足，在真正的突发事件来临前能够及时厘清思路，梳理预案流程，从而对预案中暴露出的问题进行修正与完善。需要特别关注的是：预案对于突发事件中可能出现的各类特殊情况是否有着良好的适应性，各单位应急反应的准备是否充分，应急救援能力是否提高，各部门的协调合作是否顺利。还需注意预案的可行性，即是否能够有效执行，完成情况是否满足预期，应急工作机制是否

完善，流程是否具有科学性。

### 三、提高各队伍的应急能力

应急演练是检验、评价、提升队伍应急能力的一种重要方式。在模拟的场景下，通过演练能够提高各级有关部门对突发事件的分析研判、组织协调和决策指挥能力；能够让应急管理参与人员熟悉自身肩负的应急工作职责，提升应急工作领域的专业熟练度，提升在实际事件中的应急处置能力；能够让各联动成员单位彼此熟悉应急事务，相互配合形成合力。

## 第四节 应急演练存在的问题

### 一、重“演”轻“练”

我国应急演练组织形式大致归为事先告知型演练、“盲眼”演练和情景带动式演练等。目前，我国普遍采用的是事先告知型演练，通常将突发事件情景、参训者（单位/个人）、物资以及拟采取措施等演练主要内容置于演练策划书或演练方案中。该模式的特点是演练前经过严密的设计，通过观摩参训者的演示或表演达到学习应急处置的目的。而过多的“演”往往将演练变为“走形式，走过场”，而忽略了灾情现场瞬息万变的情况。

### 二、应急演练内容和形式比较单一

一是应急演练内容单一，往往只设置一个科目或是演练科目的应急处置流程较为简单，较少进行多科目、多部门的综合应急演练，演练过程中也较少把可能出现的突发事故等复杂情况纳入演练内容。二是应急演练形式比较单一，缺少桌面推演、指挥部演练等指挥决策层演练，片面追求高层次、大场面，未能针对突发事件实际情况做到分层次、有步骤组织演练。

### 三、公民参与度较低

公众参与应急演练培训面临着“意愿高，参与少”的窘境。目前多数应急演练未将公众列入演练计划之中，参演人员多为消防员、军警、救援队员等专业应急人员。演练的宣传力度不够，公众了解的渠道亦有限。

### 四、演练评估机制不够完善

有关部门没有建立起独立的、综合性的、全过程的应急演练评估标准体系。演练评估是各项演练工作的反馈环节，也是应急预案修订和优化的重要依据。由于演练基础理论和应急业务能力的限制，目前多采用领导讲评式或专家点评式的演练评估，此类方法较难发现应急能力全部具体缺陷并给出符合实际的改进意见。

### 五、信息化、智能化技术程度不够

信息化、智能化应急演练的显著特征是现代通信、网络、数据库、人工智能、控制技术与演练技术的深度融合。应急演练存在循规蹈矩、技术变革不适应等问题，大数据、数智交互等前沿技术运用还不够。

## 第五节　国内外应急演练经验及发展趋势

### 一、国际经验

#### （一）美国的应急演练

美国的应急演练是在无风险的环境下用训练、评估和改进应急预防、准备、响应和恢复能力的核心手段开展的，是应急准备的重要内容。美国的应急演练具有以下特点。

1. 严密的规则保障

美国已经构建了应急演练全程技术规范体系，实现了应急演练严密的规则保障。《美国应急准备指引》《美国应急响应计划》和国土安全部发布的演练规则是美国应急演练体系的主要政策文件，为应急演练全过程提供战略性指引。上述政策文件提供应急演练项目的构建和运行方法，内容涵盖任何类型演练的演练设计和推进、实施演练过程的规范性纲要、演练评估与优化方法、记录以及各类演练文件的编写格式和参考文本等。

2. 强大的技术保障

美国的“应急预备技术援助项目”（Homeland Security Preparedness Technical Assistance，HSPTA）为符合的州和地方政府的应急演练提供免费技术支援。HSPTA 已延伸出国土安全评估和战略技术援助、国内应急预备装备技术援助、相互通信技术援助等项目，并开发出装备需求分析与采购系统、信息共享、风险管理、威胁识别等相关软件系统，还有基于“人机互动”的演练规划工具包和演练经验共享电子门户。

3. 规范专业化程度高

高度重视人力资源培训、规范参演机构和人员资质管理是美国应急演练的突出特点。美国应急演练的规划、执行、评估和优化都有相应的管理团队。演练规划团队包括队长、信息发言官、安全组、执行组、策划组、后勤组和财务管理组。演练执行团队包括救援专员、评估员、观察者、导师、记录员、管理者和群众演员。应急演练的国内标准课程包括自学课程、演练从业者研究生课程和与专业机构合作的演练标准课程等，所有参与者必须完成培训课程并取得合格证书才可上岗。

（二）德国的应急演练

德国的应急演练往往有众多的社会组织参与，应急演练的内容较为丰富，涉及较多行业，演练较为贴近实际且具备较强的实战性。

1. 社会组织参与度高

德国的社会组织历史悠久，数量众多，分布各个地方和领域。这些民间社会组织都建立了自己的教育培训基地，积极参与应急演练的实施和宣传工作，必要时还会奔赴现场开展救援。

2. 贴合实际，实战性强

德国的演练脚本须逼真地描述突发事件的情景、产生的影响和演练人员准备采取的措施等假想内容，演练设计以实际情况（如责任、法律状况、天气状况、各类资源等）为基础开展。德国在应急演练培训中多采取行动导向型教学方法，注重如何将学习基础理论与提高实际行动能力结合起来。教学方法形式多样，包括桌面推演、情景模拟、指挥部模拟演练等多种方式，各种教学方式的实战化特征都很明显。

3. 重视演练后的“问题学习”

德国的应急演练在演练结束后还会再组织一次学习进行查漏补缺。在每一场演练中，指挥部都会有多名观察员保证演练中危机决策和措施能被如实记录。演练中注意引入技术专家作为观察员的同时，还邀请心理专家对危机领导者的行为作出评估分析，以分析演练中行为的合理性，并查找其不足。在此基础上，在演练评估阶段会对参演单位和参演人员的工作和能力作出客观的评价，同时发现演练中存在的问题和不足，为“问题学习”创造有利条件。

（三）日本的应急演练

日本高度重视应急演练的开展，演练也较为先进和成熟。

1. 公众参与度高

日本十分重视增强公众的安全意识和自救互救能力，除政府要求外，公众参与演练的热情也很高，全国性综合演练的参演人数可能达十万人左右。

2. 演练真实性强

日本高度重视应急演练的真实性，演练之前往往不给参加者提供任何信息，完全是参加者临时应变所作出的相应判断，最大程度地模拟事故的发生和应对，提高实战性。

3. 演练信息化优

日本拥有完善的应急信息化基础设施，可以利用多个系统组成的，整体性强、覆盖全国的应急通信网络开展应急演练，可以利用应急管理系统模拟突发或紧急事故，整合并发布应急信息，可以利用这些应急信息化基础设施服务应急管理决策，提升应急演练的快速反应和应急处理能力。

(四) 英国的应急演练

英国的应急演练通常具备较强的现代化和先进性。

1. 先进的演练系统

为提高应急决策者跨部门、跨地区协同应对突发事件的能力，英国建立了标准培训演练系统。该系统集场景虚拟、环境集成、控制实时、决策指挥于一身，与现代计算机和通信设备互动，不断变换场景和控制要件，实时记录被培训者的应急决策指挥行为和过程，并就应对结果进行客观评价。该系统可以输入各种应急预案的数据和程序并开展演练，一方面使管理团队获得模拟的应急管理体验；另一方面检验和完善各种应急预案的可操作性。

2. 先进的演练培训方式

英国建立应急规划学院并汇集专业学者专职负责应急演练的培训，主要负责相关的理论建设、工作评估以及课程培训。英国的应急演练全面运用基于现代化培训设施的互动式教学方法，应急演练内容主要包括在相互协同中有效掌握应急准备、应急处置、指挥决策、媒体沟通等方面的基本方法和策略，注重提高整体化、组织化应对突发事件及部门协调配合的能力。

## 二、国内经验

与发达国家相比，我国在应急演练方面的研究和工作开展的相对较晚，但近年应急演练在我国逐渐普及，开展广泛，成为每年必备的一项活动。全国各地开展应急演练的总次数增长明显，从中央政府部门到基层群众组织，都在积极开展应急演练，并呈现出广泛联动、科学规范、讲求实效等趋势。

1. 广泛联动

我国演练活动涉及面广，动用社会力量多，需要各方面配合联动方能达到演练目的。演练注重统一指挥，分级负责，分层实施，分步联动。演练应根据不同部门和行业的性质与技能情况，安排演练内容，分配演练任务，适时指导各参演单位和有关部门各司其职，协同配合，使演练环环相扣，节节相连。

2. 制度支撑，科学规范

我国逐渐加强应急演练的制度化、规范化。《中华人民共和国突发事件应对法》对演练作了总体性规定。国务院和各有关行业领域也相继出台了相应的指南或标准。近年来，国内各地方政府也相应出台了各自的应急演练指南和管理办法，推出的各项应急预案也都对应急演练活动作出了规定。这些规范极大地支撑了应急演练工作，使演练更加合理、科学、规范。

3. 讲求实效，提升实战

我国当前普遍采用的是事先告知型演练，为追求实战性，国内各地各有关部门努力创新演练方法，提升了演练的实效。不少地方积极采用无脚本演练的方式，在事前不通知参演单位演练时间、地点和演练内容，重点检验各级各部门信息沟通、传递是否畅顺；检验各级人员对预案的熟悉程度以及预案的可操作性；检验在突发事件发生后各级各部门的职责定位；检验应急指挥的处置是否科学，以提高演练的真实性、实战性和挑战性。

## 三、发展趋势

### （一）显性化趋势

应急演练实践的显性化趋势是指其得到的关注度增加、受重视程度逐渐提高。近年来，各国的应急演练的频次显著提升，规模也越来越大。以北京市为例，各类单位每年就要举办数万次种类、形式、规模不等的演练。过去演练往往从属于锻炼队伍的工作，现在演练被作为检验预案、锻炼队伍、磨合机制、科普宣教等工作的重要载体。演练受到社会各界的关注愈发增加，国内外已开始把专门制订多年度或本年度演练计划作为一项相对独立的工作来要求。我国应急管理部规定每年至少组织一次综合应急预案演练或者专项应急预案演练，每半年至少组织一次现场处置方案演练。归纳地说，应急演练的体量、独立性、被关注度的确大大增高，显性化趋势明显。

### （二）标准化、规范化趋势

各国政府逐渐将应急演练作为一种社会性活动纳入管制范畴，从法律上将演练作为应急管理的规定动作。在逐渐制度化的同时，应急演练也日趋标准化，如我国出台了各类应急演练法律法规、标准规范，明确了应急演练的基本内容、筹备和具体实施流程，逐渐形成了应急演练的标准化管理体系，使应急预案内容逐渐成熟，演练的管理、实施和内容等也开始走向标准化。应急演练标准化意味着演练的程序、文件指导开始向规范化方向发展，应急处置程序开始有章可循，演练的全过程、各环节相对应的指导规范逐渐完善。例如，准备演练规划手册、参演人员手册、导调人员手册、评估人员手册等其中的信息要素日益健全。

### （三）专业性趋势

随着社会经济的迅速发展，灾害或是突发事故呈现出大面积、立体化、复杂多变的特点，因此应急演练的专业化水平在不断加强。一是演练指南日益完善。随着应急演练实践的丰富，应急演练的知识也日趋系统化，这就为演练规范的出台奠定了基础。当前各国演练指南日益完善，各国各地区的演练指南都在从篇幅较小向篇幅较大变化着。例如，美国《国土安全应急演练与评估指南》一度扩编为5卷本，数百页的印刷版再加上不断充实的网上版资料的集合。二是演练方法不断创新。各国开展的应急演练事故场景越来越丰富、规模越来越大、指挥层级越来越高，演练的方法也在进步，主要体现在演练场景的设计、演练评估指标的创新、演练形式的研究等方面。三是人员培养的专业化。对演练的组织、设计、评估人员的培养已经从经验式培养演变为专门的培训。例如美国联邦应急管理学院的专业演练师培训需要长达6个月的培训周期。

## 第六节 完善应急演练的建议

### 一、以“练”为主，以“演”为辅

发达国家的应急演练都具有较强的实战性，追求“练”。一是推广无脚本的应急演练方式，不预先编排演练脚本、不预先集结演练队伍、不预先进行演练彩排，最大程度地检验当前本单位、本区域的应急准备、应急能力等情况。二是推广行动导向型教学方法和情景带动式演练。情景带动式演练是当前和今后较长时期主流的演练组织形式，要根据演练目标、参训者能力以及物资状况等设计事件情景，借助情景演变带动演练活动的推进，开展因时因地因材设计的应急演练活动。

### 二、开展内容丰富、形式多样的应急演练

一是要丰富应急演练的内容。加强不同类型突发事件的应急处置能力，借鉴其他国家经验，开展多行业多领域应急演练、多层次的区域协

同联合演练以及综合性多种事故应急演练，并将有可能发生的突发情况纳入演练内容。二是要开展桌面演练、专项演练、综合演练以及组合式综合演练等形式多样的应急演练。积极组织联合有关地区、政府相关部门、企事业单位、消防、人防、卫生、教育、基层社区和农村等多部门多主体开展应急演练，进一步提高多部门的综合联动、快速应对、妥善处置各类突发事件的能力。

## 三、加强应急演练过程评估

应急演练过程评估是全面总结分析应急演练的记录内容，并对比参演人员表现与演练目标要求，对演练活动及其全过程组织作出客观评价，并编写演练评估报告的过程。应建立科学规范的演练评估表，其内容包括演练准备（组织机构、演练计划、演练方案等）、演练实施（信息传达、预案启动、指挥决策、应急处置、善后处置、演练保障等）和演练总结（宣传报道、演练点评等），汇编各应急功能组的演练评估表，形成覆盖全部考核科目的演练评估手册。

## 四、提高公众参与度

公众参与应急演练培训是学习应急知识、提高应急素养的重要渠道。一是丰富公众参与应急演练的形式和内容。目前我国公众参与演练的方式多以现场观摩为主，今后的应急演练公众可以作为参演者加入演练的计划中，而且在应急演练计划的制定、评估等全过程中都可以参与。二是畅通公众参与渠道，可以将应急演练培训设置为学校、社区或有关单位的日常活动安排。三是加强应急演练的宣传，充分利用活动场所开展线下应急演练宣传普及活动，增加新媒体形式的宣传教育，如公益网站和手机 App 等，增添应急演练培训的趣味性和实用性，吸引更多公众参与。

## 五、加强信息化、智慧化建设

发达国家的应急演练都在通过加入新科技、新系统来加强信息化、智慧化建设。为尽快实现应急演练保障的高科技化和基地化，我国应大力加强应急演练管理软件、数据在线采集与传输及存贮、演练数据库、演练评估软件、情景模拟技术等先进信息技术开发，以桌面演练软件及相关决策支持系统为突破口，不断提高应急演练信息化水平和实用性。要借鉴美国经验，通过自主创新和国际合作，集中力量重点建设一批具有世界先进水平的国家级、区域性、行业性应急演练中心，使其成为应急演练的科研、训练、保障和国际交流重要基地，并通过成果示范提升行业整体水平。

要加强基于信息系统、地理信息和三维虚拟仿真技术的事故应急推演系统。以信息技术和应急管理为支撑，以典型突发事件为蓝本，集成桌面推演、模拟测试、参训者现场模拟处置及视频录像，模拟紧急事态反应中的“风险识别、事态控制、应急联动、对策制定、综合协调、社会动员、媒体应对”等情景，再现突发事件的发生、演变和应急反应中人员调动、物资调度、指挥协调等多角色分工合作的场景，使参训者置身于逼真紧张的突发事件情境中，感受场景渲染的紧张气氛和事态演化的时间压力，真正实现应急实训教学、交互协同处置与模拟绩效评估等。

# 第七章　应急演练前期工作

应急演练是对应急预案的实践检验，而一场应急演练能否成功实施，与演练前期的准备是否充分密切相关。总的来说，应急演练前期工作主要包括：成立应急演练组织机构、制订应急演练计划、设计演练方案、演练动员与培训和应急演练保障等。

本章就应急演练前期工作的关键内容进行论述。

## 第一节　成立应急演练组织机构

### 一、演练领导小组

演练领导小组负责应急演练活动全过程的组织领导，审批和决定演练的重大事项。演练领导小组组长一般由演练组织单位或其上级单位的负责人担任；副组长一般由演练组织单位或主要协办单位负责人担任；小组其他成员一般由各演练参与单位相关负责人担任。在演练实施阶段，演练领导小组组长、副组长通常分别担任演练总指挥、副总指挥。

### 二、策划部

策划部负责应急演练策划、演练方案设计、演练实施的组织协调、演练评估总结等工作。策划部设总策划、副总策划，下设文案组、协调组、控制组、宣传组等。

（一）总策划、副总策划

总策划是演练准备、演练实施、演练总结等阶段各项工作的主要组织者，一般由演练组织单位具有应急演练组织经验和突发事件应急处置经验的人员担任。副总策划协助总策划开展工作，一般由演练组织单位或参与单位的有关人员担任。

（二）文案组

在总策划的直接领导下，负责制订演练计划、设计演练方案、编写演练总结报告以及演练文档归档与备案等。其成员应具有一定的演练组织经验和突发事件应急处置经验。

（三）协调组

负责与演练涉及的相关单位以及本单位有关部门之间的沟通协调。其成员一般为演练组织单位及参与单位的行政、外事等部门人员。

（四）控制组

演练实施过程中，在总策划的直接指挥下，负责向参演人员传送各类控制消息，引导应急演练按计划进行。其成员最好有一定的演练经验，也可以从文案组和协调组抽调，常称为演练控制人员。

（五）宣传组

负责编制演练宣传方案、整理演练信息、组织新闻媒体、开展新闻发布等。其成员一般是演练组织单位及参与单位宣传部门的人员。

## 三、保障部

保障部负责调集演练所需物资装备，购置和制作演练模型、道具、场景，准备演练场地，维持演练现场秩序，保障运输车辆，保障人员生活和安全保卫等。其成员一般是演练组织单位及参与单位后勤、财务、办公室等部门的人员，常称为后勤保障人员。

## 四、评估组

评估组负责设计演练评估方案和编写演练评估报告，对演练准备、组织、实施及其安全事项等进行全过程、全方位评估，及时向演练领导小组、策划部和保障部提出意见、建议。其成员一般是应急管理专家、具有一定演练评估经验和突发事件应急处置经验的专业人员，常称为演练评估人员。评估组可由上级部门组织，也可由演练组织单位自行组织。

### 五、参演队伍和人员

参演队伍包括应急预案规定的有关应急管理部门（单位）工作人员、各类专兼职应急救援队伍以及志愿者队伍等。参演人员承担具体演练任务，针对模拟事件场景作出应急响应行动。

## 第二节 制订应急演练计划

### 一、演练需求分析

演练需求分析为应急演练计划提供了基础信息并充分反映了演练开展的必要性。结合演练管理实践，考虑演练目标和实际条件，可将演练需求分析工作归并为风险评价、应对主体、应急条件三部分。

（一）风险评价

按照相关程序和方法，对潜在危险及其严重性进行预先安全分析与评估，此即风险评价。众所周知，早在预案编制阶段就已进行了风险评估，旨在通过危险源辨识、突发事件发生可能性及危害程度评估等，厘清区域存在的风险因素，为风险防范、预先制定应急行动方案提供切入点。结合演练管理实际，基于演练需求的风险评价主要包括：

（1）在日常风险监管基础上，结合应急预案识别各类风险。

（2）综合考虑风险发生的可能性及影响程度等因素，对风险重要性进行排序。

（3）面向复杂事件或最不利情景的定位，结合过往真实事件，综合形成突发事件重大风险类别。

由此，明确本地区面临的重大风险和亟须解决的问题，为演练设计提供基本信息。

（二）应对主体

突发事件应对是一项复杂的系统工程，相关方通常包括主责单位、应急专家、相关社会组织及企事业单位等。通过应对主体分析，确定通过演练考核的应急处置技能、需参演的人员及需进一步明确的职责等。应对主体分析主要是从突发事件应对的目标、任务、责任人等方面展开分析，基本过程如下：

（1）以该区域重大风险为目标，结合事件机理分析各类风险的发展演变过程。

（2）以“风险-情景-响应”为逻辑主线，梳理与风险演变过程相对应的情景及任务。

（3）对核心任务加以分析，结合预案及各单位岗位职责，明确突发事件应对责任人。

（三）应急条件

突发事件应对通常需要特定资源做支持，为此在预案编制时已开展应急资源调查，即通过对区域可用装备、物资及场所等资源的全面调查，掌握现有资源状况，为制定与完善应急保障措施提供依据。在这里，基于演练需求的应急条件则可概括为突发事件应急处置所需各方面资源总和，通常包括以下内容。

（1）制度安排，即具有强制性的行为规范，为突发事件应对提供制度保障。

（2）预案体系，即覆盖国家、省、市、县等各级政府及相关部门的应急预案，是突发事件应对的行动指南。

（3）应急平台，即以信息技术为依托的系统、模型，以便有效提供应急事件实时信息和支持各部门之间的协调联动。

(4) 设备设施，即各类救援装置，其直接服务于现场应急处置。

由上可知，应急条件既包括宏观层面的制度安排、预案体系，也包括微观层面的平台、设备等，它为突发事件应对提供了全面且系统的支持。

## 二、确定演练目的

应急演练是以应急预案为基础组织开展的突发事件应对与处置活动，不同应急预案的演练目的也不尽相同。同一个应急预案，因应急演练的内容和形式不同，其应急演练目的也有所差异。党委、政府及其部门的应急演练是从防范和化解重大风险的层面上考虑应急演练问题，主要是按照应急预案组织开展指挥决策、资源调动、协调联动、应急处置等相关活动。有关单位和基层组织的应急演练主要是针对其可能面临的突发事件去考虑演练问题，突出紧急疏散、自救互救、个人防护、先期处置等相关内容。因此，应急演练组织单位在应急演练目的中应明确开展应急演练的起因、应急演练需要解决的问题和期望达到的效果等。例如，《2020 年天津市防汛排水应急演练》设定的演练目的：为进一步检验天津市防汛排水各部门联防联动机制，强化消防救援总队增援城市内涝外排实战能力，故市防办、市应急局、市消防救援总队、市水务局联合开展防汛排水应急演练。

## 三、明确演练范围

应急演练范围应根据应急预案和应急演练的需求、经费、资源和时间等条件而确定，当受到条件限制时也可缩小应急演练的范围。应急演练范围的确定既要能满足应急预案中突发事件应急处置工作的需求，也要能满足应急演练的需要。只有应急演练范围确定了，应急演练事件类型、等级、区域、参演机构及人数、演练方式才可以确定。应急演练需求和应急演练范围往往互为影响。例如，《梅州市危化品安全生产突发事件应急演练》模拟的突发事件类型为事故灾难；事件响应等级为Ⅱ级；地域处于丰顺县广宏加油站及周边受影响区域；参演单位包括丰顺县人民政府、县应急管理局、县公安局、县卫生局、县交通运输局、县气象局、县消防大队、县应急救援大队、埔寨镇人民政府等；演练方式为实战演练。

### 四、安排演练准备与实施的日程计划

应急演练计划要明确应急演练的组织准备、思想准备、宣传准备、队伍准备、物资准备、器材准备、场地准备和相关保障准备。日程计划中要明确各种应急演练文件（包括制定应急演练计划、设计应急演练方案、组织应急演练方案评审、编写应急演练方案文件、进行应急演练总结与评估）编写与审定的期限、物资器材与应急演练保障准备的期限、应急演练动员与培训、应急演练组织与实施的具体日期安排等。

### 五、编制演练经费预算

应急演练经费是应急演练顺利实施的重要保障。因此，制订应急演练计划时要明确应急演练经费筹措渠道。应急演练经费预算要根据应急演练的级别、层次、形式、参演装备和人员、场景的搭建和情景显示、培训与训练、评审与评估、宣传等方面的实际情况，合理确定应急演练经费。党委、政府及其部门的应急演练经费由应急演练牵头部门按照应急演练规划要求，提前向本级财政部门提出年度应急演练经费预算；如果是与上下级联合组织的应急演练，也可以申请应急演练经费补助或明确经费分配比例。有关单位和基层组织的应急演练经费由该单位或基层组织在年度应急管理工作经费中予以预留或作出专项安排。经费预算可以按照应急演练的分类，参照项目预算的方式编制预算。例如，实战演

练的经费主要包括演练策划指导、演练素材制作、演练传输保障、演练后勤保障等。

## 第三节 设计演练方案

### 一、确定演练目标

演练目标是需完成的主要演练任务及预期达到的效果，一般说明“由谁在什么条件下完成什么任务，依据什么标准，取得什么效果”。演练目标应简单、具体、可量化、可实现。一次演练一般有若干项演练目标，每项演练目标都要在演练方案中通过相应的事件和演练活动予以实现，并在演练评估中设计相应的评估项目判断该目标的实现情况。例如，《2022年丽水市防汛防台综合演练方案》的演练目标：进一步规范应急处置程序，提高快速应急反应能力，健全应对台风、洪涝和地质灾害救助体系与运行机制，规范应急救助行为，充分发挥各级有关单位应急减灾作用，提高防灾减灾的应急处置能力，最大程度地减少人员伤亡和财产损失，保障受灾人员基本生活，维护灾区社会稳定，确保城市安全运行。

### 二、设计演练情景与实施步骤

演练情景要为演练活动提供初始条件，还要通过一系列的情景事件引导演练活动继续，直至演练完成。演练情景包括演练场景概述和演练场景清单。

#### （一）演练场景概述

要对每一处演练场景作概要说明，主要包括事件类别、发生的时间地点、发展速度、强度与危险性、受影响范围、人员和物资分布、已造成的损失、后续发展预测、气象及其他环境条件等。一份翔实的演练场景描述，是对突发事件最大程度的还原，演练细节均按照预设场景展开，为演练效果的真实性奠定了基础。

例如，在2022年金华市防汛综合演练中，演练场景概述：6月22日15时，喻斯水文站14~15时实测降雨量73 mm，且预报未来1~3小时仍有暴雨，气象部门立即通知婺城区防指、相关行业部门及安地镇，发布暴雨红色预警。

（二）演练场景清单

演练场景清单是明确演练过程中各场景的时间顺序、空间分布情况以及场景间的逻辑关联。其中，演练场景之间的逻辑关联依赖于事件发展规律、指令性控制信息和演练人员收到控制信息后应采取的行动。例如，在《2022年浙江省暨绍兴市地震地质灾害综合应急演练实施方案》中，演练逻辑顺序：一是前期响应处置；二是地震流动监测；三是人员疏散安置；四是被困群众救援；五是通信电力抢修；六是危险化学品储罐泄漏处置；七是舆情应对；八是防疫消杀。

## 三、设计评估标准与方法

演练评估是通过观察、体验和记录演练活动，比较演练实际效果与目标之间的差异，总结演练成效和不足的过程。演练评估应以演练目标为基础。每项演练目标都要设计合理的评估项目方法、标准。根据演练目标的不同，可以用选择项（如：是/否判断，多项选择）、主观评分（如：1-差、3-合格、5-优秀）、定量测量（如：响应时间、被困人数、获救人数）等方法进行评估。为便于演练评估操作，通常事先设计好评估表格，包括演练目标、评估方法、评价标准和相关记录项等。有条件时，还可以采用专业评估软件等工具。

演练评估表包括应急演练准备情况评估表、应急演练策划方案评估表、应急演练实施情况评估表、应急响应与处置情况评估表和应急演练绩效评估表等。

## 四、编写演练方案文件

演练方案文件是指导演练实施的详细工作文件。根据演练类别和规模的不同，演练方案可以编写为一个或多个文件。编写为多个文件时，可包括演练人员手册、演练控制指南、演练评估指南、演练宣传方案、演练脚本等，分别发给相关人员。对涉密应急预案的演练或不宜公开的演练内容，还要制定保密措施。

### (一) 演练人员手册

内容主要包括演练背景、演练时间、演练地点、演练目的、参演人员、事件情景介绍、演练控制及保障分工、演练前记录检查表、演练后恢复检查表、演练现场地理位置示意图等，但不包括演练细节。演练人员手册可发放给所有参加演练的人员，具体内容见表7-1。

表7-1 演练人员手册基本构成及要点

| 序号 | 构成 | 要点 |
|---|---|---|
| 1 | 演练背景 | 阐述整个演练举办的目的、意义和必要性 |
| 2 | 演练时间 | 明确演练具体的开始、结束时间 |
| 3 | 演练地点 | 明确演练的具体地点 |
| 4 | 演练目的 | 列出演练所要达到的预期目标 |
| 5 | 参演人员 | 列出所有参演的应急组织、企事业单位和政府部门及人员 |
| 6 | 事件情景介绍 | 较详细地介绍演练所模拟的事件情景，应包括所模拟的事件类型、情景启动的具体事件、启动的方式、事件连续情景的设置等方面内容 |
| 7 | 演练控制及保障分工 | 以表格的形式落实演练控制人员、模拟人员名单及他们在演练现场的地理位置分布、每个人所担负的控制保障工作 |
| 8 | 演练前记录检查表 | 列出演练前所必须要进行的检查工作，必须落实到人，并要求参与该工作的人员在完成检查工作后签字确认 |

表 7-1（续）

| 序号 | 构成 | 要 点 |
|---|---|---|
| 9 | 演练后恢复检查表 | 列出演练结束后所要进行的现场恢复和清理工作，必须落实到人，并要求参与该工作的人员在完成恢复工作后签字确认 |
| 10 | 演练现场地理位置示意图 | 演练现场地理位置示意图由两部分组成：首先应给出本区域电子地图，并在地图上明确标出演练发生的地理位置；然后就演练场地具体情况绘制现场平面图，平面布置图不要求标注具体尺寸，但应包含演练现场各主要建筑物的位置、设施（如摄影机、无人机、排涝车、消防栓等）分布地点、模拟事件发生地点等信息 |

### （二）演练控制指南

内容主要包括演练情景概述、演练事件清单、演练场景说明、参演人员及其位置、演练控制规则、控制人员组织结构与职责、通信联系方式等。演练控制指南主要供演练控制人员使用。

### （三）演练评估指南

演练评估指南的内容主要包括对应急预案的质量、参演人员对应急预案的履行情况、参演人员完成特定应急行动的速度、参演人员对预案的执行效率、参演人员的技能述评等的评估（表 7-2）。演练评估指南主要供演练评估人员使用。

表 7-2　演练评估指南基本构成和要点

| 序号 | 评估项 | 评 估 细 则 |
|---|---|---|
| 1 | 应急预案的质量 | （1）应急预案救援模块中是否考虑大部分的应急需求，如通信、物资供给、应急区域的划分等；<br>（2）应急救援是否对应急过程中可能涉及的应急组织、人员的功能、职责和行动进行介绍和阐述，协作关系与机制是否有效；<br>（3）应急预案对紧急状况的处理是否达到社会的期望值 |

表 7-2（续）

| 序号 | 评估项 | 评估细则 |
|---|---|---|
| 2 | 参演人员对应急预案的履行情况 | （1）各应急组织的参演人员是否按照演练方案的要求及时就位；<br>（2）在演练过程中，各应急组织的演练人员是否按照演练方案的规定进行分工协作；<br>（3）应急演练中的整体实施效果如何 |
| 3 | 参演人员完成特定应急行动的速度 | （1）从险情被发现到应急中心接警之间的时间是否按照演练方案的要求；<br>（2）从接警到应急人员赶赴事发地点之间的时间是否达到演练方案的要求；<br>（3）演练方案中对其他应急行动的时间要求 |
| 4 | 参演人员对预案的执行效率 | （1）演练过程中是否出现因故障导致主要应急设备停止运转的情况；<br>（2）演练过程中信息的传递效率如何，在信息发布中是否出现内容矛盾和错误的情况；<br>（3）演练过程中是否出现资源紧缺或者浪费的情况 |
| 5 | 参演人员的技能述评 | （1）参演人员在演练过程中的心理状态是否能胜任本人所肩负的职责；<br>（2）参演人员能否正确地使用各种应急器材及使用的熟练程度如何 |

（四）演练宣传方案

演练宣传方案的内容主要包括宣传目标、宣传方式、传播途径、主要任务及分工、技术支持、通信联系方式等。对涉密应急预案的演练或不宜公开的演练内容，还要制定保密措施。对可能影响公众生活、易于引起公众误解和恐慌的演练，应提前向社会发布公告，告示演练内容、时间、地点和组织单位，并做好应对方案，避免造成负面影响。

（五）演练脚本

对于重大综合性示范演练，演练组织单位要编写演练脚本，描述演练事件启动、事件描述、事件造成的负面影响和事件处置行动等，演练脚本的基本构成和要点见表7-3。

表7-3 演练脚本的基本构成和要点

| 序号 | 内容 | 要点 |
|---|---|---|
| 1 | 演练概要 | 演练类型、背景、参演单位等 |
| 2 | 事件背景描述 | （1）事件发生的地理位置、伤亡情况等；<br>（2）触发事件情景的方式（如解说、视频旁白等） |
| 3 | 事件A处置 | （1）具体触发此事件的方式；<br>（2）对应的响应行动；<br>（3）事态后续发展情况，事件处理结果 |
| | 事件B处置 | （1）具体触发此事件的方式；<br>（2）对应的响应行动；<br>（3）事态后续发展情况，事件处理结果 |
| | … | … |
| 4 | 事件结束 | （1）整体事件最终处置结果；<br>（2）事件响应结束 |

## 五、演练方案评审

对综合性较强、风险较大的应急演练，评估组要对文案组制定的演练方案进行评审，重点评估演练方案是否科学可行，以保证应急演练的顺利进行。根据应急管理部制定的评估工作文件，总结出以下演练方案评审标准。

### （一）方案的合规性

演练方案是否依据本行业、领域、区域的法规、应急预案、行动指南进行筹划设计；演练方案起草完成后，是否按照相关要求报请有关领导审批。

### （二）方案的针对性

演练目标的设定是否体现本行业、领域、区域主要安全风险、事故隐患，是否坚持问题导向，是否能够解决预案、机制、队伍、社会公众等应急准备和突发事件应对中的短板弱项和薄弱环节。

### （三）方案的完整性

演练方案的要素是否齐全，演练方案内容是否包括指导思想、工作原则、演练目的、演练场景、演练时间地点、主办方和承办单位、组织体系、参演单位及职责、参演力量安排、演练流程、其他准备事项、工作要求及有关附件等。

### （四）方案的实时性

演练方案需要遵守特殊时期的特定管控要求。例如，在突发疫情情况下，所有参演人员均需满足佩戴口罩、接种疫苗和保持间隔距离等防控措施。

# 第四节　演练动员与培训

## 一、演练动员

部分参演人员主观上认为应急演练只是“演”、只是走流程而已，导致其对演练的重视程度和认知严重不足。因此，为提高全体参演人员对演练的认知水平和重视程度，使得演练更为贴近现实，真正发挥未雨绸缪的效果，对应急演练进行全方位的动员就显得极为重要。应急演练的动员主要分为政治动员、思想动员、经济动员、社会动员四个主要部分。

政治动员是四种动员中最为重要的部分，相关主管部门需要利用其权威性与合法性，充分且高效地调动并整合相关的人力、物力，保证应急演练的顺利实施。

思想动员就是在动员中采取合理高效的手段，对参演人员进行一系列的宣传、鼓动、教育、说明，从而在提高其思想认识水平的前提下激发参演人员参与应急演练的积极性与主动性。

经济动员是应急演练得以圆满完成的物质保障基础，主要工作为动员经济主管部门调配资金、物品、设备，为应急演练提供资金、物资与技术保障。

社会动员是调动社会资源（如人民力量、医疗资源、学校资源、企业资源等）保障应急演练的实施。科学有效的社会动员可以在应急演练中协调不同利益群体之间的关系，增进各方人员的相互理解，为应急演练的开展奠定群众基础。

## 二、演练培训

应急演练培训是应急演练得以圆满完成的重要前提条件，通过对参演人员进行演练前的培训，可以使参演人员学习掌握应急处置方法、熟悉应急预案、了解应急演练流程，从而避免演练过程氛围不严肃、处置程序混乱、处置效率低等问题。

所有演练人员都要经过应急基本知识、演练基本概念、演练现场规则等方面的培训。对肩负不同职责的人员要进行专项培训，培训内容如下：

对策划导调人员要进行信息流的掌控、信息的推送、重大演练环节的把握、演练节奏的调整、演练启动与终止的决策等方面的培训。

对控制人员要进行岗位职责、演练过程控制、装备器材的操作、情况显示的方法和应急管理等方面的培训。

对评估人员要进行岗位职责、演练评估方法、工具使用、系统操作等方面的培训。

对参演人员要进行应急预案、操作技能、个体防护区装备使用等方面的培训。

培训可以采取集中授课、研究讨论、桌面推演等方式进行，也可以利用模拟场地和器材开展应急训练活动。

## 第五节　应急演练保障

### 一、人员保障

演练参与人员一般包括演练领导小组、演练总指挥、总策划、文案人员、控制人员、评估人员、保障人员、参演人员、模拟人员等，有时还会邀请观摩人员等其他相关人员。在演练的准备过程中，演练组织单位和参与单位应合理安排工作，保证相关人员参与演练活动的时间；通过组织观摩学习和培训，提高演练人员素质和技能。

### 二、经费保障

演练组织单位每年要根据应急演练规划编制应急演练经费预算，纳入该单位的年度财政（财务）预算，并按照演练需要及时拨付经费。对经费使用情况进行监督检查，确保演练经费专款专用，节约高效。

### 三、场地保障

根据演练方式和内容，经现场勘查后选择合适的演练场地。桌面演练一般可选择会议室或应急指挥中心等；实战演练应选择与实际情况相似的地点，并根据需要设置指挥部、集结点、接待站、供应站、救护站、停车场等设施。演练场地应有足够的空间，良好的交通、生活、卫生和安全条件，尽量避免干扰公众生产生活。

### 四、物资和器材保障

根据需要，准备必要的演练材料、物资和器材，制作必要的模型设施等，主要包括以下内容。

（1）信息材料。主要包括应急预案和演练方案的纸质文本、演示文档、图表、地图、模型、软件以及专项应急演练所需材料。例如，防汛防台应急演练需要防汛防台专项预案、演练方案、演练脚本、演练场地地图、演练物资清单、演练队伍名单、防汛防台形势图、人员转移路线图等信息材料。

（2）物资设备。主要包括各种应急抢险物资、特种设备、办公设备、录音摄像设备、无人机、信息显示设备等。

（3）通信器材。主要包括固定电话、移动电话、对讲机、海事电话、传真机、计算机、无线局域网、视频通信器材和其他配套器材，尽可能使用已有通信器材。

（4）演练情景模型。搭建必要的模拟场景及装置设施。

## 五、通信保障

应急演练过程中，应急指挥机构、总策划、控制人员、参演人员、模拟人员等之间要有及时可靠的信息传递渠道。根据演练需要，可以采用多种公用或专用通信系统，必要时可组建演练专用通信与信息网络，确保演练控制信息的快速传递。

## 六、安全保障

演练组织单位要高度重视演练组织与实施全过程的安全保障工作。大型或高风险演练活动要按规定制定专项应急预案，采取预防措施，并对关键部位和环节可能出现的突发事件进行针对性演练。根据需要为演练人员配备个体防护装备，购买商业保险。对可能影响公众生活、易于引起公众误解和恐慌的应急演练，应提前向社会发布公告，告示演练内容、时间、地点和组织单位，并做好应对方案，避免造成负面影响。

演练现场和高风险环节需要设置警戒区域，要有必要的安保措施和医疗救护人员、装备，必要时演练现场进行封闭或管制，保证演练安全进行。对有可能出现情况的关键部位和环节进行针对性演练，演练出现不可控意外情况时，演练总指挥与其他领导小组成员会商后可提前终止演练。

# 第八章 应急演练实施

应急演练实施是整个应急演练的主体环节，是对演练准备阶段所形成模块、环节、要点的有效衔接和动态匹配过程。在应急演练实施过程中，通过充分调动突发事件相关应急要素，让演练尽可能接近真实突发事件的应对，从而提升参演人员相关的应急能力。应急演练实施包含启动、执行、结束等阶段，在实际演练工作中，正式演练前的预演工作也可列入应急演练实施阶段的范畴。

本章从单科目预演和全流程预演来阐述预演的相关工作；从演练启动、演练执行、演练终止等方面分析应急演练的现场实施；此外阐述了未来应急演练实施方式的发展趋势。

## 第一节 预 演

### 一、单科目预演

单科目预演的主要目的是为后续应急演练实施“打基础”。通过单科目的预演，一方面，参演人员可以掌握与科目相关的应急处置技能和装备使用方法，熟悉相关专业知识；另一方面，参演团队也可通过预演确定符合实际情况的救援方式，从而组织队员进行相关的训练。

例如，在救援队驾驶橡皮艇在江中搜救落水人员的演练科目中，救援队可采用离心力救援、活饵救援等多种救援方式。在正式演练开始前，救援队员要掌握相关的水上救援知识，熟练操作橡皮艇，根据演练场地与演练的情景设置，综合确定合适的救援方式并加以练习。

## 二、全流程预演

简单来讲，全流程预演即是对应急演练实施的“彩排”。通过开展全流程预演，一方面，可以更好地加强各个演练科目之间的衔接；另一方面，也可以从整场演练的视角，通过反复观看全流程预演录像，发现演练中的不足之处。例如，前后逻辑是否通顺、科目是否存在不合理之处、相关保障措施是否完备等，并及时调整优化。在进行单独的训练时，部分演练内容也许从操作角度上看并无任何问题，但当融入整体演练中时，从全局的角度上看会暴露出问题。例如，A 部分的操作时间过长，可能超过预期，然而解说词的内容不足以支撑这部分内容；B 部分的操作需要基于 C 部分的操作结果等。为此，现场导播团队需根据演练现场实际情况确定其摄像机位，以期在正式演练过程中呈现最佳的转播效果。

此外，全流程预演的一大目的是完善“三定”工作——定人、定点、定动作。定人是指预演与正式演练的参演人员应一致；定点是指确定参演人员在演练过程中的行动范围；定动作是指参演人员在正式演练中的相关操作在全流程预演时应予确定。例如，在 2020 年浙江省暨湖州市地质灾害应急演练中，现场开展的演练科目包括天然气管道抢修、防疫消杀、被困群众救援、道路抢修等。在进行预演前，由演练策划团队确定所有的参演单位，由参演单位自行确定参演人员，即“定人”。同时大致划定了非演练区域与演练区域。非演练区域中设置主席台、观摩区、医疗点、洗手间、装备展示区、停车区等功能区。在确保不影响其他科目正常演练的前提下，各科目的负责人根据演练需要，在演练区域中预先划定各自的演练活动区域，即“定点”。在此基础上，分别组织开展了单科目的预演活动，确定各个参演人员的相关动作，即“定动作”。

## 第二节 应急演练的实施

### 一、演练启动

演练正式启动前一般要举行简短的开幕仪式，由演练主持人介绍本次演练的主要内容、主要目的、主要的观摩领导、演练过程中的注意事项等。随后，演练主持人邀请演练总指挥或重要领导致辞，致辞的主要内容包括：一是阐明演练的意义，通过对以往演练情况的概况总结和当前形势的分析，说明演练是在何种形势下，为了解决何种问题、达到何种目的而举行的；二是阐明演练的指导思想，提出演练任务，说明演练的主要日程和具体安排；三是为保证演练顺利进行，向参演人员与观摩人员提出相关要求。此外，致辞的结尾部分应以号召性和鼓励性言辞提出对演练的总体要求与希望。

演练开幕致辞结束后，各分会场的演练指挥向演练总指挥报告演练准备情况。确认具备演练条件后，演练总指挥宣布演练开始，按照脚本启动演练活动。

### 二、演练执行

演练执行过程中主要包含演练指挥与行动、演练场控、演练解说、演练记录、演练培训与宣传等工作。

#### （一）演练指挥与行动

演练指挥与行动是指演练总指挥面对演练实施全过程的各个环节进行指挥控制，参演人员根据演练总指挥的指示（命令），开展对模拟突发事件的应急处置行动，完成相关的应急响应动作。高质量的应急演练不仅要求指挥人员熟悉演练的各个环节，还要针对演练过程中的突发情况有思想准备，并制定相关的应对方案。例如，预演过程中经常会出现单科目演练的准备工作与演练要求不一致，导致在全流程预演过程中，该项科目出现“卡壳”状况。此时，指挥人员可选择暂时跳过此科目，优先指挥下一科目，尽可能减弱“卡壳”对演练造成的影响，直至全流程预演结束后，返回查看该科目的“卡壳”原因。

（二）演练场控

演练场控是指演练控制人员（亦称场控人员）按照其所负责的演练内容，根据演练指挥人员的指令，向现场参演人员发布的启动与终止等信号，以协调参演人员顺利完成各项演练任务。场控人员在整场演练过程中有效协调、衔接各个参演单位，因此不可或缺，其在演练实施不同阶段的主要职责如下。

1. 预演前阶段

熟悉演练内容，同参演单位确定参演人员名单，必要时协调预演时间，掌握演练过程中可用的应急资源清单。

2. 预演阶段

场控人员应提前与参演人员对接，向参演人员说明具体的演练要求，并配合参演人员做好前期的预演工作，确保参演人员熟悉演练情景、熟练使用相关工具、理解场控人员发出的相关指令。

场控人员在正式演练前一个小时内，组织有关参演单位各自就位，并根据参演人员名单进行点名，确保人员到位。同时，检查相关的演练道具、装备，确保其能够正常、安全地使用。

3. 演练实施阶段

场控人员根据演练内容，监控演练的总体实施进程，及时应对演练的异常情况。当演练过程偏离方向时，及时发出相关信号提醒参演人员；根据现场情况适时调整演练实施的速度，确保演练有序开展。

对于演练内容相对单一、规模较小的演练，实施过程中一般需要一位场控人员，有时可安排演练主持人兼任；对于多科目、多现场的大型演练，实施过程中需要大量的场控人员相互配合，此时可将演练场控人员分为总场控人员与分场控人员，总场控人员在演练主会场接收演练指挥人员的指令，通过对讲机（或其他通信方式）向演练其他分场控人员发送场控信号。

对于演练控制人员来说，一方面，应充分掌握演练方案、脚本，熟悉现场流程，把握好各个科目的时间节点以及前后顺序，提前1~3 min提醒相关参演单位准备执行相关演练动作。另一方面，总场控人员与分场控人员之间的沟通交流要做到及时准确，总场控人员要在精准的时间节点上向分场控人员发出相关的信号，分场控人员应及时向演练总场控人员反馈现场情况。

例如，在2022年浙江省暨杭州市防汛防台综合演练中，演练总指挥在浙江省省防指指挥中心指挥控制其他若干个现场演练点的行动。演练分为会商部署、山洪地质灾害防御、东苕溪流域性大洪水应对、“五停”工作和城市内涝应急处置、重点区域保护和重要设施保障、灾后恢复6项主要科目，内容包括指挥决策、会商研判、山洪地质灾害高风险区人员转移、东苕溪流域洪水调度、西险大塘工程抢险、东苕溪非常滞洪区分洪、“五停”工作、地下车库积水险情处置、城市隧道积水险情处置、地铁险情处置、断路断电断网等极端情况下的应急联动、灾后恢复等。因此，该演练要求演练指挥人员对大量关键时间节点进行把控，若是其中任何一个节点未能把控到位，均有可能影响演练的整体效果。在实际演练中，省防指指挥中心设置了一位总场控人员，在余杭区、钱塘区、萧山区等分会场分别设置了若干位分场控人员，由总场控人员向其他分场控人员下达科目的启动与终止命令；分场控人员把握各自现场演练的具体时间节点，下达具体的动作指令。所有场控人员均配备远程对讲机，以便及时进行沟通，反馈各会场的现场情况。此外，考虑到现场画面传输至指挥大厅有一定的延时，为尽可能减少画面的停顿时间，总场控人员根据预演情况，提前预估时间，从而准时地向各个分场控人员下达指令。

(三) 演练解说

在演练实施过程中，可以安排专门的解说员对演练过程进行解说。解说内容一般包括演练背景描述、进程讲解、案例介绍、环境渲染、演练队伍介绍等。对于有演练脚本的大型综合性示范演练，可按照脚本中的解说词进行讲解；对于小型单项应急演练，解说员可根据现场演练情况进行解说。解说员除了保持自身在声音方面的专业素养外，最好还能对演练中涉及的相关业务有深入的了解，从而做到遇见专业术语不卡壳、遇到意外情况可随机应变。

在实际演练实施过程中，部分演练科目由于现场操作时间较长，而解说词准备不充分，导致演练画面出现只有影像没有声音的“空镜”。例如，在进行虹吸管排水作业的演练时，难以保证应急队员一次性将虹吸管道接好、顺利抽干管内空气并成功出水，可能需要多次反复加固管道节点。如果没有准备相关的解说词，在反复试接的过程中，演练画面就可能出现“空镜”情况。对此，解说员应提前同演练策划团队沟通，准备备用解说词，如应急队伍的介绍、相关抢险操作的原理等，以备在“空镜”状况下仍做到“图文并茂”。

(四) 演练记录

演练记录一方面可为后续的演练评估分析提供资料支持，另一方面也为演练宣传提供原始资料。演练记录应在不影响参演人员行动的前提下进行。演练记录方式包括笔记、录音、录像等多种类型。当前，为确保详细记录演练情况，通常采用摄像机对整体演练过程进行录制。

(五) 演练培训与宣传

演练培训与宣传的目的在于扩大演练的教育效果（涉密演练除外）。演练培训主要是对各应急责任人开展相关应急业务知识的培训。例如，在防汛演练过程中，何种条件下将启动何种响应；转移责任人在开展人员转移工作中要坚持哪些原则；山塘水库巡查员在巡查过程中需要携带哪些装备，如何向上级报告描述险情等。演练培训的方式主要包括现场实操、实地观摩与远程教学等。

应急演练主办单位可以通过广播、电视、报纸、传单、官方微博、自媒体等方式向全社会进行应急演练宣传，促进社会各界了解应急演练的相关内容，掌握有关应急知识，在突发事件发生时做到“心中有数”。例如，CCTV-12（社会与法）频道中的“生命线”栏目在周末特别节目《应急时刻》中向广大公众展现了具有代表性的应急演练实况，宣传我国的防灾减灾工作，唤起社会各界对于演练的关注，进一步提高公众主动避灾避险的意识和能力。

### 三、演练结束与终止

当所有演练实施内容按照流程顺利进行完毕，所有参演人员按预定方案集合，此时，由演练总策划主持演练结束仪式。首先，由主管领导或相关领域专家从演练流程的整体逻辑性、相关操作的规范性以及科目之间的衔接性等方面对演练进行总结点评。其次，由演练总指挥（或解说员在演练总指挥的委托下）发出演练结束信号（如“本次演练到此结束，请所有演练队员有序离场!”），此时演练结束。最后，待所有参演人员离场后，演练主办单位组织人员清理和恢复场地，演练正式终止。

在演练实施过程中出现真实突发事件或意外情况时（如地震、火灾、暴雨等自然灾害），由演练领导小组经过讨论决定是否终止演练。若确定终止演练，可由演练总指挥按照预定的程序发出演练终止指令。

### 四、演练实施流程实例

#### （一）2022年金华市防汛演练（轨道交通停运演练部分）

演练背景：某日早晨6时，强降雨天气已造成金华市部分地区近

48 小时累计面雨量超 180 mm，据最新气象资料预测，强降雨云团仍将持续影响金华市。经过金华市市防指成员单位的会商研判，市防指决定坚决落实“五停”（停止户外活动、停课、停工、停业、停运）管控措施。金华市轨道交通集团参与的轨道交通停运演练部分见表 8-1。

表 8-1　2022 年金华市防汛演练实施流程

（轨道交通停运演练部分）

| 脚本内容 | | 场控人员提示内容 |
| --- | --- | --- |
| 画外音 | 对话/动作 | |
| （上一阶段演练内容） | （上一阶段演练内容） | （1）提示所有人各就各位。<br>（2）检查对讲机是否能清晰听见信号 |
| 【解说】轨道交通集团启动《特殊气象及自然灾害专项应急预案》，并迅速行动，通过钉钉、电话发布全公司进入防汛响应信息。全线车站、司机、生产调度及各专业应急救援队按照运营公司要求进入临战状态，各专业工班重点检查防汛设施的工作状况，针对出入口、风井、风亭、垂直电梯、线路 U 形槽等可能发生水淹风险的点位，进行现场巡查和远程监控 | 【广播音】各位乘客请注意，地面湿滑，请您注意安全，小心慢行，以免滑倒、摔伤 | |
| 【解说】现在进行的是轨道交通停运的实战演练，画面中看到的是金义线万达广场站，该站为金义线地势最低车站。车站 C 出入口积水不断上升，工作人员立即通知值班站长 | 工作人员巡查出入口，并将情况反馈给值班站长<br>【值班站长】各岗位注意，车站 C 出入口立即安装防淹挡板 | 5 s 倒计时提示工作人员出动 |

表 8-1（续）

| 脚本内容 | | 场控人员提示内容 |
|---|---|---|
| 画外音 | 对话/动作 | |
| 【解说】工作人员接到通知后迅速行动，首先将挡板立柱安装在设计孔位，再在立柱之间嵌入挡板。每块挡板高约 20 cm，根据站外积水情况可叠加挡板，挡板总高度最高为 60 cm，宽度根据出入口大小略有不同。挡板安装便捷，2 min 便可完成安装，最后利用沙袋对缝隙处进行加固和封堵。<br>（备用解说词）当出现站外积水时，轨道交通站点处置机制如下：<br>（1）出入口外路面积水不断上升时，开始加装防淹挡板。<br>（2）出入口外路面积水接近出入口平台不足 10 cm 时，立即关闭出入口，引导乘客使用其他出入口进出车站。<br>（3）当车站具备通行条件的出入口少于 2 个时，关闭车站；引导疏散车站滞留乘客。<br>（4）当出入口积水接近防淹挡板最高水位线时，所在线路停运。立即疏散本线路所有车站及列车车厢内乘客，将其转移至安全区域。<br>以上决策机制，由现场一线指挥人员直接决策 | 值班站长组织工作人员安装防淹挡板 | 现场提醒工作人员出动 |
| 【解说】由于连续强降雨，C 出入口站外积水距离出入口平台不足 10 cm，车站立即决定关闭 C 出入口，同时向 OCC（地铁运行控制中心）进行报备，站内发布乘客绕行通知 | 【广播提示音】各位乘客，由于天气原因，车站 C 出入口已关闭，请勿停留，可前往其他出入口出站，谢谢您的配合 | |
| 【解说】随着雨势加大，3 个出入口站外积水不断上升，此时万达广场站具备开放条件出入口已少于 2 个。按照决策机制，值班站长直接下令，实行清客关站 | 【值班站长】各岗位注意，车站开放出入口少于 2 个，按照预案流程，需关闭车站 | 5 s 倒计时提示值班站长发言，提醒关站 |

表 8-1（续）

| 脚本内容 | | 场控人员提示内容 |
|---|---|---|
| 画外音 | 对话/动作 | |
| 【解说】同时，值班站长向 OCC 值班主任报告现场情况 | 【值班站长】报告值班主任，车站开放出入口少于 2 个，我们已开始关站。<br>【OCC 值班主任】好的，你们继续按照预案执行 | |
| 【解说】万达广场站立即执行清客关站程序，疏散站内乘客，轨道交通集团通过官方平台发布万达广场站关站信息，OCC 指令全线列车司机在万达广场站越站通过。由于滞留乘客较多，值班人员立即向轨道交通集团申请转运公交车，疏散滞留乘客 | 工作人员立即组织现场人员疏散 | 5 s 倒计时提醒工作人员疏散乘客 |
| | 【值班站长】集团公司，这里是万达广场站，受暴雨影响，站外积水严重，车站滞留乘客需转运，请求支援，转运口为 B 出入口。<br>【值班主任】好的，做好乘客引导安抚工作，配合做好转运工作，我们马上协调转运车辆过来 | 5 s 倒计时提示值班站长发言 |
| 【解说】接驳车辆已到达 B 出入口，滞留乘客在工作人员指引下有序上车疏散 | 工作人员指引乘客疏散 | 5 s 倒计时提示工作人员组织疏散乘客 |
| | 【值班站长】报告值班主任，车站滞留乘客已全部疏散，关站完毕！ | 5 s 倒计时提示值班站长发言 |

表 8-1（续）

| 脚 本 内 容 | | 场控人员提示内容 |
|---|---|---|
| 画 外 音 | 对话/动作 | |
| 【解说】持续的强降雨导致金义线多个车站周边内涝严重，可能引发倒灌险情。轨道交通集团运营控制中心值班主任按照预案，申请金义线全线停运 | | |
| 【解说】轨道交通集团立即召开防汛防台领导小组会议，布置相关工作 | | |
| 【解说】轨道交通集团总指挥下令金义线全线停运，列车就近到站清客，通知各站疏散乘客 | 【广播提示音】各位乘客请听从工作人员指引，有序出站，谢谢您的配合 | |
| 【解说】轨道交通集团在轨道交通官网、微信公众号、车站 PIS 信息、列车 LED 信息、金华发布等多个官方平台发布轨道交通金义线停运信息（轨道交通停运演练部分结束） | | |

（二）2022 年浙江省暨绍兴市地震地质灾害综合应急演练（危险化学品储罐泄漏处置部分）

演练背景：某日下午，受地质灾害滑坡影响，某危险化学品企业石油储罐发生泄漏燃烧险情。当地消防救援力量接警后，立即组织救援人员赶赴现场进行处置（表 8-2）。

表 8-2　2022 年浙江省暨绍兴市地震地质灾害综合应急演练实施流程（危险化学品储罐泄漏处置部分）

| 脚 本 内 容 | | 场控人员提示内容 |
|---|---|---|
| 解 说 词 | 对话/动作 | |
| （上一阶段演练内容） | （上一阶段演练内容） | （1）提示所有人各就各位。（2）检查对讲机是否能清晰听见信号 |

表 8-2（续）

| 脚本内容 | | 场控人员提示内容 |
|---|---|---|
| 解说词 | 对话/动作 | |
| 【解说】6月29日17时20分，受地质灾害滑坡影响，在主会场前方的诸暨市某危险化学品企业石油储罐发生泄漏燃烧，现场发生剧烈爆炸，浓烟滚滚。诸暨市消防救援大队分指挥中心接警后，立即组织救援力量赶赴现场进行处置 | | |
| 【解说】消防救援大队的救援车辆正火速赶往现场 | 救援车辆赶赴现场 | 5 s 倒计时提示消防救援大队出发 |
| 【解说】到达现场后，救援人员立即成立灭火救援指挥部，与企业负责人和现场专家了解事故情况后，部署救援任务 | 救援人员成立现场指挥部，了解事故情况，部署救援任务 | |
| 【解说】派遣侦查小组，在做好个人防护的前提下，对现场泄漏物质进行检测，设定安全区域及作战区域 | 泄漏物质检测 | 5 s 倒计时提示侦察小组准备 |
| 【解说】其余队员迅速架设远程供水系统设备，保障救援现场用水需求 | 队员架设远程供水系统 | |
| 【解说】此时厂区1号石油储罐顶部破裂发生爆炸燃烧，有向南侧2号储罐和东侧卧罐蔓延的趋势 | | |
| 【解说】抢险队员立即派出无人机深入事故现场侦查，摸清事故影响范围和事故总体概况 | 无人机现场侦察 | 5 s 倒计时提示无人机准备 |
| 【解说】确认现场安全后，灭火救援指挥部立即下达救援指令，灭火设备迅速出水 | | |
| 【解说】高喷车立即对着火罐开展全方位的冷却降温灭火作业 | 高喷车灭火作业 | 5 s 倒计时提示高喷车灭火准备 |

表 8-2（续）

| 脚本内容 | | 场控人员提示内容 |
|---|---|---|
| 解说词 | 对话/动作 | |
| 【解说】灭火过程中时刻注意风速、风向的影响，根据天气条件及时调整抢险策略。在灭火过程中如发现油罐有可能发生沸溢、爆炸等情况时，应立即撤离危险区。<br>（补充解说词）诸暨市消防救援大队是我市消防和应急救援的综合性队伍，现共辖 14 个站，大队现有队员 277 人、执勤消防车 35 辆 | | |
| 【解说】灭火机器人准备就位，正在进行投入前的准备工作 | 灭火机器人出发 | 5 s 倒计时提示灭火机器人就位 |
| 【解说】准备就绪后灭火机器人深入油罐区开展灭火作业，在对着火罐体的后方进行冷却降温灭火作业时，对附近卧罐进行冷却保护，防止火势蔓延 | 灭火机器人出水 | |
| 【解说】现在，各灭火设备全部出水，对起火油罐区域形成全方位灭火总攻 | 所有灭火设备一同出水灭火 | 5 s 倒计时提示所有队伍向起火区域发起总攻 |
| 【解说】经过不间断灭火，大火终被扑灭，灭火救援指挥部指令一高喷车继续对着火罐进行冷却降温，其余参战力量收整器材清点装备归队 | | 提醒相关参赛力量及时归队 |
| 【解说】下面进行演练的下一阶段 | | |

## 第三节　未来应急演练实施方式的趋势分析

### 一、应急演练实施趋势

近年来，突发事件呈现出影响范围扩大、影响周期延长、处置难度提升、处置过程中涉及的部门和单位逐渐增多等趋势，对应急演练提出了新的更高要求。在此背景下，应急演练实施呈现出实施目的增多、实施范围扩大、实施形式多样等发展趋势。

### （一）实施目的增多

应急演练实施的主要目的通常包括检验应急预案的可操作性；完善应急准备工作；提高演练组织单位、参与单位和相关人员等对应急预案的熟悉程度，进一步提高其应急处置能力；开展科普宣传。除上述目的以外，近年来，随着突发事件的演变以及突发事件防控需求的变化，应急演练实施目的也逐渐增多。

一是检验部门职能分工与协同机制。当前突发事件应急处置过程中涉及的部门和单位逐渐增多，不同部门、不同层级间的协同性对于应急处置的影响越来越大。若不能分清职责，在处理突发事件过程中，针对同一工作就可能出现互相挤占或互留缺口、无从问责的情况。因此，提高部门之间的协作效能、明确上下级之间的事权划分也逐渐成为应急演练实施的主要目的之一。

二是检查相关应急物资、设备是否完备。例如，我国许多行政村虽然配备有发电机、抽水泵以及卫星电话等设备，但由于部分行政村近年来并非“多灾易灾”，许多基层工作人员忽视了对应急设备的保养工作，以至于面临真实突发事件时才发现设备发生故障。通过实施应急演练，可间接地督促基层工作人员检查应急物资与设备，确保准备到位。

三是检验相关预案之间的衔接性。这种衔接性通常体现在上下级预案之间，以及总体预案与专项预案之间。预案之间是否衔接有效，不能等到真正发生灾情时才去检验，而是在演练过程中检验预案之间衔接是否顺畅。

四是检验应急救援机制。不同地区的防御重点各有侧重，因此各地的应急救援机制也有所不同。在实施应急演练过程中可预先发现应急救援机制中存在的不足之处，并在后续工作中及时改正，确保各应急救援力量之间在面临真正的灾情前能更加高效。

（二）实施范围扩大

我国传统应急演练的实施范围通常局限在同一个场地，演练组织方在现场搭设座席供观摩人员观看演练。但考虑到同一个突发事件可能会对不同区域造成不同程度的影响（如台风灾害可能在某一时间段对同一个行政区域内具有不同自然地理特征的地区造成不同的破坏：对于山区，可能带来小流域山洪、地质灾害；对于城镇市区，台风带来的短时强降雨可能造成部分道路发生内涝；对于山塘水库而言，可能会因水位过高而产生管涌甚至溃坝；对于沿海城市而言，受台风影响可能面临风暴潮侵袭），为应对突发事件的跨区域特性，应急演练的实施范围开始向多场地、大型化的方向发展。新形势下，在省级或市级的应急演练中，需要针对不同地区往年突发事件特点，实施跨区域演练。例如，在2021年浙江省防台风综合演练中，演练模拟台风正面袭击、纵穿浙江省，沿海城市面临“风、雨、潮”三碰头、内陆城市面临河网高水位的危情。演练过程中采用线上线下融合模式，主会场设置在省防汛指挥中心，另外在台州市三门县、临海市，绍兴市越城区，金华市浦江县，杭州市临安区设置5个实战演练点，并在全省90个县（市、区）设置实时人员转移点。

（三）实施形式多样

以脚本为演练实施基础的现场实战应急演练与桌面推演一直是我国大部分应急管理机构常用的演练形式。近年来，为了能进一步优化应急机制，检验应急预案的科学性与实用性，检验信息沟通机制，提高指挥人员的临机决策能力，一些应急管理机构也开始尝试开展“双盲”演练。“双盲”演练不设置专门的脚本，事前不通知参演单位演练时间、地点与内容，因此其在形式上更贴近实战。例如，贵州省都匀市于2020年9月采用“双盲”形式开展民房建筑坍塌应急救援综合实战演练，现场演练围绕信息报送与共享、属地先期处置、现场指挥部搭建和救援指令发布等内容开展，过程中只有题目、没有脚本，指挥官现场临时指挥、随机调度，考验各参演单位在实战状态下快速反应、协同联动和应急处置能力。

先进技术的发展与应用推动应急演练的实施形式加速更新，已不再局限于线下开展，线上也可实施演练。例如，在安全生产领域，将三维仿真技术融入演练之中，实现桌面推演可视化；在森林防火领域，通过抽象化模拟实际应急处置过程中的各种复杂情况，设计出了桌游形式的桌面演练，演练过程中既有娱乐性，也有沉浸性；在消防安全的演练中，利用当前的虚拟现实技术，将演练现场虚拟化，既降低了演练现场的整备成本，也保证了参演人员的人身安全。再如，NASA 正在利用虚拟现实技术，在尽可能逼真的火星环境下培养宇航员的应急资源管理意识。

## 二、先进技术在演练实施中的应用

### （一）三维仿真技术在演练实施中的应用

三维仿真技术是一种通过计算机系统虚拟三维环境场景的技术。该技术是利用现场采集与演练场景相关的信息来建立三维仿真模型，构建多视角、多维度、分层呈现的事故灾难情景与现场环境，从而让参演人员以人机交互的方式参与演练的实施。

在现实情况中，演练实施过程所受的局限较多，其中原因之一即是演练场地。在现实世界中，重现一个突发事件现场难度较大，通常需要耗费较大的人力、物力、财力，而一块场地可以实施的演练科目极其有限，往往导致参演人员对于所模拟的突发事件认知不够。在基于三维仿真技术的应急演练中，虽然参演人员所面对的突发事件情景是动画形式的，但通过三维仿真软件构建的事故情景并不逊色于真实演练情景。事实上，演练总策划还能通过调整相关参数（如事故类型、发生地点、气象条件、应急资源等）向参演人员即时展现不同的事故情景，从而提升其在不同事故情景下的应急处置能力。此外，相比于传统演练，三维仿真技术的演练形式新颖，富有趣味性，且互动性强，参演人员体验较好。基于三维仿真技术的应急演练可以开展无限次重复演练，大幅降低了演练成本。在演练过程中也可随时暂停，插入“知识问答”的环节，寓教于“练”，进一步提高演练效果。

随着三维仿真技术日趋成熟，目前已在多个行业的应急演练实施中得到应用，包括矿山救援演练、城市轨道交通运营仿真演练、机场突发事件应急演练、消防作战演练等。演练策划人员可以根据当地灾情与应急工作特点，在系统中挑选相对应的演练模块，自行组合出符合当地实际的针对性演练。

（二）虚拟现实技术在演练实施中的应用

虚拟现实技术是一项综合计算机图形学、计算机科学、人机工程学、电子学、数学、力学、声学、光学、机械学和生理学等学科的技术，它用计算机生成逼真的三维视、听、嗅觉等感觉，使人作为参与者通过相关装置在虚拟世界进行体验和交互。虚拟现实技术因在游戏中的应用而为世人所熟知，玩家通过穿戴虚拟现实设备可获得沉浸式的体验。利用虚拟现实技术的主要目的在于让使用者在执行虚拟任务的同时，相信自己就是在现实世界中执行任务。20世纪60年代，这项技术开始应用于飞行员的飞行模拟训练中，飞行员通过飞行模拟器模拟飞行训练以便不断完善自己的飞行技能。此后，虚拟现实技术经过不断的迭代更新，逐步应用于科技开发、商业、医疗、军事、娱乐、教育、工业等领域。

相比于现实中的实战演练，基于虚拟现实技术开展的演练优势明显。一是降低演练实施成本。一些演练在实施过程中通常需要使用大量的道具材料，演练主办方为了节约成本，只能在满足演练流程逻辑性的前提下，在现场演练中准备有限的道具材料，如此一来参演人员可能得不到充分的练习。而在虚拟世界中，理论上参演人员可无限次的使用道具材料，以满足其练习需求。例如，在现实中的机场消防应急演练存在人力资源浪费、物资消耗偏多、组织协调较难等缺陷，而在虚拟现实平台上设计的相关演练场景，参演人员可通过所穿戴的设备近距离感知虚拟突发事件现场，不仅有较好的实战效果，还能最大限度节约人力、物力。二是提升演练安全度。在实施演练的过程中，为保证参演人员的安全，往往只能做到“点到为止”，导致参演人员对于突发事件现场难以有更为直观的认识。而在虚拟世界的演练中，参演人员可安全地深入感知突发事件现场，获得更为直观的认识。例如，在现实的消防演练中模拟真实的火灾情景时，需要同时兼顾引入燃烧元素与确保消防队员安全，致使场景设置往往不够逼真。将虚拟现实技术与消防救援实战相结合，参演人员通过穿戴虚拟现实装置，既能近距离感知火灾现场，又能保证消防队员的安全。与此类似，民众火灾应急逃生演练可利用虚拟现实技术模拟出逼真的火灾现场，人们可以在虚拟世界的演练现场自行判断合理的逃生路线。三是切换演练情境的难度较低。在现实演练过程中，通常只能针对一种突发情景开展相应的应急处置，在策划过程中通常以最不利的条件来设置演练，反而容易忽视难度中等与较低情况下的演练情景设置。利用虚拟现实技术，在演练的策划阶段，针对同一类型的突发事件，可以设置不同难度的演练情景。在演练实施过程中，通过调整难度，达到全方位、多层次提高参演人员应急处置能力的目的。

# 第九章　应急演练总结与评估

应急演练是将应急预案付诸行动的过程，是检验应急预案在突发事件状态下是否可以有效实施的重要方式。应急演练总结与评估是应急演练的重要环节，通过对参演人员表现、演练活动准备及其组织实施过程作出客观评估，进而对应急演练活动进行评判，提出改进建议。开展应急演练评估、总结经验、分析存在问题，对于提升应急演练参演者和组织者的应急处置能力具有重要意义。根据我国《突发事件应急演练指南》《突发事件应急预案管理办法》等相关规定，所有应急演练活动都须开展演练评估。新形势下，《“十四五”国家应急体系规划》中明确指出要加强预案演练评估，不断完善应急预案及演练的评估程序和标准，对照预案加强队伍力量、装备物资、保障措施等检查评估，确保应急响应启动后预案规定任务措施能够迅速执行到位。

本章阐述了应急演练总结与评估的基本流程和具体工作内容，重点分析了应急演练的评估内容、评估方法、评估实施、评估报告编制与工作整改。

## 第一节　应急演练评估的程序与内容

### 一、应急演练评估程序

#### （一）评估准备

应急演练评估准备是评估工作的重要环节，主要包括成立评估组、分析评估需求、收集评估资料、选择评估方式和方法、编写评估方案和评估标准、开展评估培训、准备评估器材等工作。其中，经验丰富的评估组是评估工作顺利开展的基础；评估方案和评估标准是评估工作的准绳；评估培训、资料收集和器材准备等是评估工作开展的保障。

（1）成立评估组。评估组应由应急管理领域专家和相关领域专业技术人员或有关方面代表组成。规模较大、演练情景和参演人员较多或实施程序复杂的演练可设多级评估，并确定总体负责人及各小组负责人。评估组负责对演练准备、组织与实施等进行全过程、全方位地跟踪评估。

（2）分析评估需求。制定演练评估方案之前，应明确评估工作目的、内容和程序。

（3）收集评估资料。收集演练评估所需要的相关资料和文件。

（4）选择评估方式和方法。演练评估应以演练目标为基础，每项演练目标都要设计合理的评估方法和标准。根据演练目标的不同，可以用选择项、评分、定量测量等方法进行评估。

（5）编写评估方案和评估标准。演练评估组召集有关人员，明确演练评估方案和评估标准，并事先制定好演练评估表格。评估方案包括演练概述、目的、内容、信息获取、组织实施、相关附件等内容。评估标准主要涉及演练目标、评估方法、评估原则和演练评估等方面。

（6）开展评估培训。通过听取演练组织或策划人员对演练方案以及组织和实施流程的汇报，在进一步明确演练流程和内容的基础上，评估组根据评估方案、应急预案等相关文件开展内部专题培训。同时，熟悉演练场地和设施情况。

（7）准备评估器材。根据演练需要，准备评估工作所需要的相关材料和器材，主要包括演练评估方案文本、评估表格、记录表、文具、通信设备、计时设备、摄像或录音设备、计算机或相关评估软件等。

（二）评估实施

应急演练评估的实施应遵循实事求是、以评促改的基本原则，开展全过程评估。

(1) 评估人员就位。根据演练评估方案，安排评估人员就位，做好演练评估准备工作。

(2) 观察记录。演练开始后，评估人员通过观察、记录和收集数据、信息资料，观察演练实施及进展、参演人员表现等情况，及时记录演练过程中出现的问题。在不影响演练进程的情况下，评估人员进行现场提问并做好记录，主要应当记录各参演人员的以下行动：①作出关键决定的时间；②偏离预案的行为；③指令发出的方式；④影响参演人员表现的客观因素；⑤应急资源现场利用情况；⑥参演人员的沟通。

(3) 演练评估。根据演练现场的观察和记录，依据制定评估表，逐项对演练内容进行评估，及时记录评估结果。

（三）评估总结

应急演练评估总结的主要内容包括演练点评、参演人员自评和评估组评估三种形式。

(1) 演练点评。演练结束后，选派有关代表（演练组织人员、参演人员、评估人员或相关人员）对演练取得的成效与发现的问题进行现场点评。

(2) 参演人员自评。演练结束后，参演单位组织各参演小组或参演人员进行自评，总结演练中的优缺点，讨论收获及体会。演练评估人员参加参演人员自评会并做好记录。

(3) 评估组评估。参演人员自评结束后，演练评估组负责人组织召开专题评估工作会议，形成综合评估意见。评估人员根据演练情况和演练评估记录开展讨论，分析相关信息资料，明确存在问题并提出整改要求和措施建议等。

## 二、应急演练评估的内容

目前，已有研究普遍认为应急演练评估是基于对应急演练全过程的观察和记录，对照发现的问题，对演练组织、应急处置和应急预案提出改进建议。因此，应急演练评估的内容主要包括考察演练准备、演练实施等方面内容是否满足检验预案、磨合机制、锻炼队伍和强化管理等演练要求。同时，应急演练评估内容还应包含对全体参演单位及个人的评估意见，即做到全方位评估。

根据演练的形式不同，实战演练与桌面演练的评估内容有所区别，下面以生产安全事故应急演练评估为例，介绍评估内容。

### （一）实战演练评估内容

实战演练准备情况的评估内容主要包括演练策划与设计、演练文件编制以及演练保障三个方面（表9-1）。

表9-1　实战演练准备情况评估内容

| 评估项目 | 评　估　内　容 |
| --- | --- |
| 1. 演练策划与设计 | 1.1 目标明确且具有针对性，符合本单位实际 |
| | 1.2 演练目标简明、合理、具体、可量化和可实现 |
| | 1.3 演练目标应明确“由谁在什么条件下完成什么任务，依据什么标准，取得什么效果” |
| | 1.4 演练目标设置是从提高参演人员的应急能力角度考虑 |
| | 1.5 设计的演练情景符合演练单位实际情况，且有利于促进实现演练目标和提高参演人员应急能力 |
| | 1.6 考虑到演练现场及可能对周边社会秩序造成的影响 |
| | 1.7 演练情景内容包括情景概要、事件后果、背景信息、演化过程等要素，要素较为全面 |
| | 1.8 演练情景中的各事件之间的演化衔接关系科学、合理，各事件有确定的发生与持续时间 |

表 9-1（续）

| 评估项目 | 评 估 内 容 |
| --- | --- |
| 1. 演练策划与设计 | 1.9 确定各参演单位和角色在各场景中的期望行动以及期望行动之间的衔接关系 |
|  | 1.10 确定所需注入的信息及其注入形式 |
| 2. 演练文件编制 | 2.1 制定了演练工作方案、安全及各类保障方案、宣传方案 |
|  | 2.2 根据演练需要编制了演练脚本或演练观摩手册 |
|  | 2.3 各单项文件中要素齐全、内容合理，符合演练规范要求 |
|  | 2.4 文字通顺、语言精练、通俗易懂 |
|  | 2.5 内容格式规范，各项附件项目齐全、编排顺序合理 |
|  | 2.6 演练工作方案经过评审或报批 |
|  | 2.7 演练保障方案印发到演练的各保障部门 |
|  | 2.8 演练宣传方案考虑到演练前、中、后各环节宣传需要 |
|  | 2.9 编制的演练观摩手册中各项要素齐全、并有安全告知 |
| 3. 演练保障 | 3.1 人员的职责清晰、分工明确，数量满足演练要求 |
|  | 3.2 演练经费充足，保障充分 |
|  | 3.3 器材使用管理科学、规范，满足演练需要 |
|  | 3.4 场地选择符合演练策划情景设置要求，现场条件满足演练要求 |
|  | 3.5 演练活动安全保障条件准备到位并满足要求 |
|  | 3.6 充分考虑演练实施中可能面临的各种风险，制定必要的应急预案或采取有效控制措施 |
|  | 3.7 参演人员能够确保自身安全 |
|  | 3.8 采用多种通信保障措施，有备份通信手段 |
|  | 3.9 对各项演练保障条件进行了检查确认 |

实战演练实施情况的评估内容主要包括预警与信息报告、紧急动员、事故监测与研判、指挥和协调、事故处置、应急资源管理、应急通信、信息公开、人员保护、警戒与管制、医疗救护、现场控制及恢复和其他十三个方面（表 9-2）。

表9-2　实战演练实施情况评估内容

| 评估项目 | 评估内容 |
| --- | --- |
| 1. 预警与信息报告 | 1.1 演练单位能够根据监测监控系统数据变化状况、事故险情紧急程度和发展势态或有关部门提供的预警信息进行预警 |
| | 1.2 演练单位有明确的预警条件、方式和方法 |
| | 1.3 对有关部门提供的信息、现场人员发现的险情或隐患进行及时预警 |
| | 1.4 预警方式、方法和预警结果在演练中表现有效 |
| | 1.5 演练单位内部信息通报系统能够及时投入使用，能够及时向有关部门和人员报告事故信息 |
| | 1.6 演练中事故信息报告程序规范，符合应急预案要求 |
| | 1.7 在规定时间内能够完成向上级主管部门和地方人民政府报告事故信息程序，并持续更新 |
| | 1.8 能够快速向本单位以外的有关部门或单位、周边群众通报事故信息 |
| 2. 紧急动员 | 2.1 演练单位能够依据应急预案快速确定事故的严重程度及等级 |
| | 2.2 演练单位能够根据事故级别，启动相应的应急响应，采用有效的工作程序，警告、通知和动员相应范围内人员 |
| | 2.3 演练单位能够通过总指挥或总指挥授权人员及时启动应急响应 |
| | 2.4 演练单位应急响应迅速，动员效果较好 |
| | 2.5 演练单位能够适应事先不通知突袭抽查式的应急演练 |
| | 2.6 非工作时间以及至少有一名单位主要领导不在应急岗位的情况下，能够完成本单位的紧急动员 |
| 3. 事故监测与研判 | 3.1 演练单位在接到事故报告后，能够及时开展事故早期评估，获取事件的准确信息 |
| | 3.2 演练单位及相关单位能够持续跟踪、监测事故全过程 |
| | 3.3 事故监测人员能够科学评估其潜在危害性 |
| | 3.4 演练单位能够及时报告事态评估信息 |

表 9-2（续）

| 评估项目 | 评估内容 |
| --- | --- |
| 4. 指挥和协调 | 4.1 现场指挥部能够及时成立，并确保其安全高效运转 |
| | 4.2 指挥人员能够指挥和控制其职责范围内所有的参与单位及部门、救援队伍和救援人员的应急响应行动 |
| | 4.3 应急指挥人员表现出较强指挥协调能力，能够对救援工作全局有效掌控 |
| | 4.4 指挥部各位成员能够在较短或规定时间内到位，分工明确并各负其责 |
| | 4.5 现场指挥部能够及时提出有针对性的事故应急处置措施或制定切实可行的现场处置方案并报总指挥部批准 |
| | 4.6 指挥部重要岗位有后备人选，并能够合理轮换 |
| | 4.7 现场指挥部制定的救援方案科学可行，调集了足够的应急救援资源和装备（包括专业救援人员和相关装备） |
| | 4.8 现场指挥部与当地政府或本单位指挥中心信息畅通，并实现信息持续更新和共享 |
| | 4.9 应急指挥决策程序科学，内容有预见性、科学可行 |
| | 4.10 指挥部能够对事故现场有效传达指令，进行有效管控 |
| | 4.11 应急指挥中心能够及时启用，各项功能正常，满足使用 |
| 5. 事故处置 | 5.1 参演人员能够按照处置方案规定或在指定的时间内迅速到达现场开展救援 |
| | 5.2 参演人员能够对事故先期状况作出正确判断，采取的先期处置措施科学、合理，处置结果有效 |
| | 5.3 现场参演人员职责清晰、分工合理 |
| | 5.4 应急处置程序正确、规范，处置措施执行到位 |
| | 5.5 参演人员之间有效联络，沟通顺畅有效，并能够有序配合、协同救援 |
| | 5.6 事故现场处置过程中，参演人员能够对现场实施持续安全监测或监控 |
| | 5.7 事故处置过程中采取了防止次生或衍生事故发生的措施 |
| | 5.8 针对事故现场采取必要的安全措施，确保救援人员安全 |

表 9-2（续）

| 评估项目 | 评估内容 |
| --- | --- |
| 6. 应急资源管理 | 6.1 根据事态评估结果，能够识别和确定应急行动所需的各类资源，同时根据需要联系资源供应方 |
| | 6.2 参演人员能够快速、科学使用外部提供的应急资源并投入应急救援行动 |
| | 6.3 应急设施、设备、器材等数量和性能能够满足现场应急需要 |
| | 6.4 应急资源的管理和使用规范有序，不存在浪费情况 |
| 7. 应急通信 | 7.1 通信网络系统正常运转，通信能力能够满足应急响应的需求 |
| | 7.2 应急队伍能够建立多途径的通信系统，确保通信畅通 |
| | 7.3 有专职人员负责通信设备的管理 |
| | 7.4 应急通信效果良好，演练各方通信顺畅 |
| 8 信息公开 | 8.1 明确事故信息发布部门、发布原则，事故信息能够由现场指挥部及时准确向新闻媒体通报 |
| | 8.2 指定了专门负责公共关系的人员，主动协调媒体关系 |
| | 8.3 能够主动就事故情况在内部进行告知，并及时通知相关方 |
| | 8.4 能够对事件舆情持续监测和研判，并对涉及的公共信息妥善处置 |
| 9. 人员保护 | 9.1 演练单位能够综合考虑各种因素并协调有关方面确保各方人员安全 |
| | 9.2 应急救援人员配备适当的个体防护装备，或采取了必要的自我安全防护措施 |
| | 9.3 有受到或可能受到事故波及或影响的人员安全保护方案 |
| | 9.4 针对事件影响范围内的特殊人群，能够采取适当方式发出警告并采取安全防护措施 |
| 10. 警戒与管制 | 10.1 关键应急场所的人员进出通道受到有效管制 |
| | 10.2 合理设置了交通管制点，划定管制区域 |
| | 10.3 各种警戒与管制标志、标识设置明显，警戒措施完善 |
| | 10.4 有效控制出入口，清除道路上的障碍物，保证道路畅通 |

表 9-2（续）

| 评估项目 | 评 估 内 容 |
| --- | --- |
| 11. 医疗救护 | 11.1 应急响应人员对受伤害人员采取有效先期急救，急救药品、器材配备有效 |
| | 11.2 及时与场外医疗救护资源建立联系求得支援，确保伤员及时得到救治 |
| | 11.3 现场医疗人员能够对伤病人员伤情作出正确诊断，并按照既定的医疗程序对伤病人员进行处置 |
| | 11.4 现场急救车辆能够及时准确地将伤员送往医院，并带齐伤员有关资料 |
| 12. 现场控制及恢复 | 12.1 针对事故可能造成的人员安全健康与环境、设备与设施方面的潜在危害，以及为降低事故影响而制定的技术对策和措施有效 |
| | 12.2 事故现场产生的污染物或有毒有害物质能够及时、有效处置，并确保没有造成二次污染或危害 |
| | 12.3 能够有效安置疏散人员、清点人数、划定安全区域并提供基本生活等后勤保障 |
| | 12.4 现场保障条件满足事故处置、控制和恢复的基本需要 |
| 13. 其他 | 13.1 演练情景设计合理，满足演练要求 |
| | 13.2 演练达到了预期目标 |
| | 13.3 参演的组织机构或人员职责能够与应急预案相符合 |
| | 13.4 参演人员能够按时就位，正确并熟练使用应急器材 |
| | 13.5 参演人员能够以认真态度融入整体演练活动中，并及时、有效地完成演练中应承担的工作内容 |
| | 13.6 应急响应的解除程序符合实际并与应急预案中规定的内容一致 |
| | 13.7 应急预案得到了充分验证和检验，并发现了不足之处 |
| | 13.8 参演人员的能力得到了充分检验和锻炼 |

### （二）桌面演练评估内容

桌面演练评估内容主要包括演练策划与准备、演练实施两个方面

（表9-3）。

表9-3　桌面演练评估内容

| 评估项目 | 评　估　内　容 |
| --- | --- |
| 1. 演练策划与准备 | 1.1 目标明确且具有针对性，符合本单位实际 |
| | 1.2 演练目标简单、合理、具体、可量化、可实现 |
| | 1.3 设计的演练情景符合参演人员需要，且有利于促进实现演练目标和提高参演人员应急能力 |
| | 1.4 演练情景内容包括了情景概要、事件后果、背景信息、演化过程等要素，要素较为全面 |
| | 1.5 演练情景中的各事件之间的演化衔接关系设置科学、合理，各事件有确定的发生与持续时间 |
| | 1.6 确定了各参演单位和角色在各场景中的期望行动以及期望行动之间的衔接关系 |
| | 1.7 确定所需注入的信息及其注入形式 |
| | 1.8 制定了演练工作方案，明确了参演人员的角色和分工 |
| | 1.9 演练活动保障人员数量和工作能力满足桌面演练需要 |
| | 1.10 演练现场布置、各种器材、设备等硬件条件满足桌面演练需要 |
| 2. 演练实施 | 2.1 演练背景、进程以及参演人员角色分工等解说清晰正确 |
| | 2.2 根据事态发展，分级响应迅速、准确 |
| | 2.3 模拟指挥人员能够表现出较强指挥协调能力，在演练过程中对各项协调工作做到有效掌控 |
| | 2.4 按照模拟真实发生的事件表述应急处置方法和内容 |
| | 2.5 通过多媒体文件、沙盘、信息条等多种形式向参演人员展示应急演练场景，满足演练要求 |
| | 2.6 参演人员能够准确接收并正确理解演练注入的信息 |
| | 2.7 根据演练提供的信息和情况，参演人员能够作出正确的判断和决策 |
| | 2.8 参演人员能够主动搜集和分析演练中需要的各种信息 |
| | 2.9 参演人员制定的救援方案科学可行，符合实际事故情况处置要求 |

表 9-3（续）

| 评估项目 | 评 估 内 容 |
| --- | --- |
| 2. 演练实施 | 2. 10 在应急处置过程中，参演人员的决策程序科学，内容有预见性，科学可行 |
| | 2. 11 参演人员能够依据给出的演练情景快速确定事故的严重程度及等级 |
| | 2. 12 参演人员能够根据事故级别，确定启动的应急响应级别，并能够熟悉应急动员的方法和程序 |
| | 2. 13 参演人员能够熟悉事故信息的接报程序、方法和内容 |
| | 2. 14 参演人员熟悉各自的应急职责，并能够较好配合其他小组或人员开展工作 |
| | 2. 15 参与演练的各小组负责人能够根据各位成员意见提出本小组的统一决策意见 |
| | 2. 16 参演人员对决策意见的表达思路清晰、内容全面 |
| | 2. 17 参演人员作出的各项决策、行动符合角色身份要求 |
| | 2. 18 参演人员能够与本应急小组人员共享相关应急信息 |
| | 2. 19 参演人员能够全身心地参与到整个演练活动中 |
| | 2. 20 演练的各项预定目标都得以顺利实现 |

## 第二节 应急演练评估方法

### 一、评估方法介绍

目前，我国应急演练评估的主要方法包括会议评估法、访谈评估法、评价表评估法、层次分析法、模糊综合评判法等。

#### （一）会议评估法

会议评估法主要根据应急演练全过程的记录和收集的相关资料，由评估组成员通过召开会议的方式对演练各环节开展讨论分析，各自提出发现的问题和改进意见，对问题和意见进行归纳总结，得出最终的评估结果。会议评估法适用范围广、即时性强，演练结束后可迅速组织召开，评估组专门负责评估任务，印象比较深刻，反映的问题和意见比较可靠、准确。因此，会议评估法是当前应用最广泛的评估方法，在我国应急演练评估中大量使用。但会议评估法普遍采用领导讲评或专家点评方式进行，难以真正发现应急处置能力具体哪一环节存在问题并给出改进的具体措施。

### （二）访谈评估法

访谈评估法，是指根据预先确定的评估标准，评估组与参演人员代表进行一次或多次随机访谈，了解参演人员对该场应急演练的个人看法和发现的问题，广泛收集意见和建议进行综合分析，最终形成应急演练评估报告。访谈评估法针对性强、目的明确，便于收集参演人员的直接体会与建议，第一手信息极为丰富。然而，访谈评估法需要对多个参演人员开展一次或多次访谈，访谈对象多、工作量极大、耗费时间较长，且评估结果受个人主观判断影响很大，影响评估结果的准确性。

### （三）评估表评估法

评估表评估法，是指根据评估组围绕演练程序和评估要素制定的评估表格，逐项对演练的实际情况进行评估，总结评估结果。评估表评估法针对性较强，评估组可根据演练的不同类型和目标，为每一场演练量身定制一系列评估表。评估表的格式与内容没有固定要求，评估方法比较灵活，在应急演练评估实践中应用最为广泛。采用评估表评估法时，评估人员可在演练全过程中边观摩边填写评估表，体现了评估的时效性和有效性。但是，应急演练涉及多个领域，类型、目的和特点都有差别，导致评估的要点也不尽相同，采用评估表评估法需要针对每场演练制定不同的评估表，工作量较大，对评估组的专业要求也更高。

### （四）层次分析法

层次分析法是美国著名运筹学家匹茨堡大学教授 T. L. Saaty 于 20

世纪70年代初，应用网络系统理论和多目标综合评估方法提出的一种层次权重决策分析方法。层次分析法根据问题的性质和要达到的总目标，将问题分解为不同的组成因素，并按照因素间的相互关联影响以及隶属关系将因素按不同层次聚集组合，形成一个多层次的分析结构模型，从而最终使问题归结为最低层（供决策的方案、措施等）相对于最高层（总目标）的相对重要权值的确定或相对优劣次序的排定。层次分析法应用于应急演练评估时，具有清晰明确、简洁实用、评估全面等特点，主要用于演练分析要求较高的应急演练评估。然而，当指标过多时，该方法数据统计量大，且权重难以确定，同时受专家主观影响较大。

#### (五) 模糊综合评判法

模糊综合评判法是采用模糊集数学理论开展评估的一种方法。该方法利用模糊数学理论将一些难以量化的问题模糊化，通过建立模糊评判矩阵，按照最大隶属度原则，根据预先设定的评语集和计算，评判事物各个指标对评语集的隶属度，最终获得评估结果。模糊综合评判法在解决传统数学难以量化尤其是一些模糊性极强的问题时具有较强的优势。例如，应急演练中的指挥因素难以量化，采用该方法具有很大优势。但是，该方法涉及的权重确定和评估结果的主观性仍然比较强，也会影响评估结果的准确性。

### 二、评估方法选择

总的来说，可选择的评估方法有很多。应急演练评估在选择评估方法时应根据其自身特点，尽量保证最大限度消除主观因素，客观反映评估真实结果。目前，国内外针对大型应急演练活动注重多种评估方法相结合，以便尽可能保证评估结果的客观性和可靠性。

国外的应急演练评估方法以定性评估为主，存在一些弊端。例如，对评估人员的素质要求比较苛刻，评估结果难以避免评估人员的主观性等。在应急演练评估方法研究上，我国注重定性评估和定量评估相结合。例如，北京化工大学运用基于层次熵权和 AHP 的混合模型对应急演练中各项指标进行建模，提出主观与客观评估体系相结合的概念，为应急演练评估方法的研究提供了一个新思路。中国科学院合肥物质科学研究院细化评估指标，构建多级模糊综合评估模型对各级指标进行量化，形成了定性分析与定量计算有机融合的应急演练评估指标体系。

## 第三节　应急演练评估实施

### 一、演练准备工作评估

根据演练评估方案的要求，评估人员开展演练策划与设计、演练文件编制以及演练保障等准备工作的评估。重点评估演练的目标设置是否合理、演练情景是否全面、演练工作方案是否可行、演练保障是否到位等情况，这一阶段的评估主要审查演练方案、应急预案等相关文件资料，填写应急演练准备情况评估表和策划方案评估表，并给出综合评述意见。

### 二、实战演练情况评估

演练开始后，评估人员通过观察演练实施及进展、参演人员表现等情况，及时记录演练过程中出现的问题。在不影响演练进程的情况下，评估人员进行现场提问并做好记录。主要从预警与信息报告、紧急动员、事故监测与研判、指挥和协调、事故处置、应急资源管理、应急通信、信息公开、人员保护、警戒与管制、医疗救护、现场控制及恢复等方面进行评估。填写应急演练实施情况评估表、应急响应与处置情况评估表，逐项对演练情况进行评估，并给出综合评述意见。

### 三、演练总结工作评估

演练评估组负责人组织召开专题评估工作会议，针对演练效果进行综合评估，填写应急演练绩效评估表，总结演练中的优点和不足，明确存在问题并提出整改要求和措施等。

## 第四节 应急演练评估报告编制与工作整改

### 一、演练评估报告内容

演练评估报告的主要内容一般包括：

(1) 演练的基本情况概述。演练的地点、参加单位和队伍、演练形式、演练模拟事故概况、事故过程情景描述及主要的应急行动等。

(2) 演练评估工作描述。评估工作的组织实施和具体工作流程介绍等。

(3) 演练情况分析总结。根据评估结果，结合组织实施、参演人员表现等方面，分析总结演练的突出特点和经验做法，明确存在的问题等。

(4) 提出改进意见建议。针对评估存在的问题，提出整改的建议。

(5) 给出综合评估结论。对演练全过程进行综合评估，给出优、良、中、差等评估综合结论。

### 二、工作整改

通过全过程评估与反馈，应急演练组织和各参与部门针对应急演练中暴露出的问题，及时采取措施予以改进，并将评估结果反馈到下一轮应急演练准备工作中，以全面提高演练评估的客观性和有效性。同时，为达到改进的最终目的，应指定专人负责对演练中暴露的不足的纠正过程实施持续跟踪。对已整改的组织或个人，派出专家进行核查；对逾期不整改的组织或个人，应采取行政措施给予警告。因此，应急演练评估与总结对于健全应急联动机制、加强应急技术支撑体系、完善应急预案等具有重要意义。全过程评估与工作整改如图 9-1 所示。

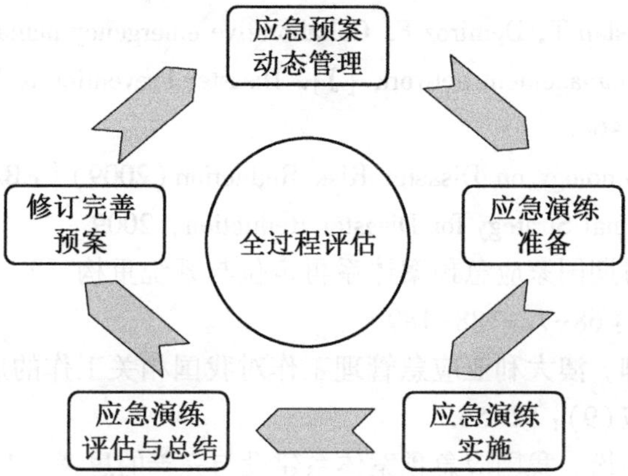


图 9-1 全过程评估与工作整改

应急演练评估与总结的工作整改主要体现在以下几个方面：

（1）对于演练中暴露出的问题，演练单位应当及时改进。

（2）对于演练中表现不佳的组织或个人应及时进行教育和培训，不断增强应急处置能力。

（3）对应急预案中的不足或不合理的内容，及时进行修订与完善，实现应急预案动态管理。

（4）针对暴露出的应急资源不足等问题，应有针对性地加强应急物资与装备的补充和更新。

（5）加强应急演练宣传，不断提高公众应对突发事件的风险意识和反应能力。

# 参 考 文 献

[1] Calixto E, Larouvere E L. The regional emergency plan requirement: Application of the best practices to the Brazilian case [J]. Safety Science, 2010, 48(8): 991-999.

[2] Kapucu N, Arslan T, Demiroz F. Collaborative emergency management and national emergency management network [J]. Disaster Prevention & Management, 2010, 19(4): 452-468.

[3] UNISDR Terminology on Disaster Risk Reduction (2009) [EB/OL]. United Nations International Strategy for Disaster Reduction, 2009.

[4] 曹海峰．新时期国家应急预案体系再定位与系统重构 [J]．国家行政学院学报，2018(6): 68-72+188-189.

[5] 陈洪波，吕卿．澳大利亚应急管理工作对我国相关工作的启示 [J]．中国应急管理，2007(9): 52-55.

[6] 董泽宇，宋劲松．我国应急预案体系建设与完善的思考 [J]．中国应急管理，2014(11): 17-21.

[7] 范升彦，腾飞霞．应急预案与演练 [M]．北京：应急管理出版社，2019.

[8] 高小平．中国特色应急管理体系建设的成就和发展 [J]．中国行政管理，2008(11): 18-24.

[9] 黄杨森，王义保．网络化、智能化、数字化：公共安全管理科技供给创新 [J]．宁夏社会科学，2019(1): 114-121.

[10] 赖俊彦，张媛，南燕云，李亦纲．应急预案体系标准化构建的初步研究 [J]．灾害学，2021，36(4): 138-145.

[11] 李湖生．应急预案体系建设的理论基础研究探讨及其启示 [J]．中国应急管理，2012(5): 20.

[12] 李雪峰．美国国家应急预案体系建构及其启示 [J]．中国应急管理，2012(7): 14-19.

[13] 刘耀峰．关于基层应急预案体系建设的思考与研究 [J]．中国应急管理科学，2021(11): 86-93.

[14] 彭恒明，王铁骊．基于犹豫模糊语言集的核电厂场内应急预案评估研究 [J]．科技管理研究，2021，41(1): 181-186.

[15] 闪淳昌，周玲．从 SARS 到大雪灾：中国应急管理体系建设的发展脉络及经验反思 [J]．甘肃社会科学，2008(5): 40-44.

[16] 孙大敏，全芳．对优化应急预案体系的建议 [J]. 长江论坛，2020(5)：37-41.

[17] 陶振．突发事件应急预案：体系、编制与优化 [J]. 行政论坛，2013，20(5)：60-66.

[18] 童庆，张敬谊，陈诚，丁偕，汪科豪．应急指挥系统的结构化和可视化预案研究 [J]. 计算机工程，2011，37(13)：275-278.

[19] 魏振生，陈守文，马姝婧，庞戈，申康玉．基于流程的应急预案结构化与图形化应急指挥 [J]. 化工进展，2017，36(S1)：121-126.

[20] 杨瑱，孔胜利，贾音，邓世兴．三位一体视角下应急预案修编要点探讨 [J]. 消防科学与技术，2021，40(5)：754-758.

[21] 杨言．论应急预案在应急管理工作中的作用 [J]. 企业家天地，2012(10)：63.

[22] 张海波．中国应急预案体系：结构与功能 [J]. 公共管理学报，2013，10(2)：1-13+137.

[23] 张明．美国应急预案体系建设经验借鉴研究 [J]. 中国安全生产科学技术，2015，11(5)：154-158.

[24] 张薇．应对自然灾害的应急物流保障机制研究 [J]. 物流技术，2013，32(17)：103-105.

[25] 张晓君．应急管理现代化“堕距”的生成与弥合 [J]. 行政论坛，2021，28(1)：68-73.

[26] 赵开功，方衡．一体化运营综合能源集团智能应急指挥平台的研究与实现 [J]. 矿业安全与环保，2021，48(6)：58-64+71.

[27] 赵婷．提高我国突发事件应急预案可操作性的对策研究 [J]. 学理论，2013(34)：103-105.

[28] 赵子丽．中国应急管理的新要求和新发展 [J]. 人民论坛，2019(2)：58-59.

[29] 钟开斌，张佳．论应急预案的编制与管理 [J]. 甘肃社会科学，2006(3)：240-243.

[30] 钟开斌．螺旋式上升：“国家应急管理体系”概念的演变与发展 [J]. 中国行政管理，2021(5)：122-129.

[31] Limin Xu. The Dilemma and Outlet of the Revision in Chinese Basic Units ContingencyPlan [J]. Advances in Applied Sociology，2017，7(4)：165-171.

[32] Megan Venzin. Essential Contingency Planning Steps [J]. Special Events Galore,

2015，15(6)：1-1.

[33] 董云周，鲁工圆，董健．城市轨道交通应急预案编制与优化［J］．都市快轨交通，2019，32(3)：138-144.

[34] 时训先，钟茂华，付学华，等．重大事故应急预案评审技术研究［J］．中国安全生产科学技术，2009，5(1)：5.

[35] 詹承豫，顾林生．转危为安：应急预案的作用逻辑［J］．中国行政管理，2007(5)：89-92.

[36] Nguh J. The role of information technology in emergency preparedness by local health departments：a literature review［J］．Journal of emergency management (Weston，Mass.)，2014，12(4)：327-339.

[37] Xue Y.，Zhou J.，Liu T. Study on evaluation of emergency plans［J］．Journal of Safety Science and Technology，2015，11(10)：127-132.

[38] Zhang C.，Qin T.，Xing L，et al. Research on framework of emergency command standard system［J］．Journal of Safety Science and Technology，2016，12(11)：159-163.

[39] 葛雁，蒋建平，刘晓明，等．应急物资保障体系的标准化建设［J］．中国标准化，2020(10)：82-85.

[40] 李书耘，马火生．突发公共卫生事件的地方应急指挥机构的法律问题研究［J］．探求，2022，(1)：57-64.

[41] 王世彤，毛华斌，窦艳芬．地方政府及组织突发事件应急预案制定原则分析［J］．社会科学家，2006(3)：142-145.

[42] 吴宗之，刘茂．重大事故应急预案分级、分类体系及其基本内容［J］．中国安全科学学报，2003，13(1)：15-18.

[43] 徐钢．做好应急预案培训加强应急管理工作［J］．安全、健康和环境，2006，6(5)：78-89.

[44] 杨勇．浅谈突发公共卫生事件预防与应急处理机制［J］．中国卫生产业，2020，17(35)：141-143.

[45] 尹洧，周小凡，李文洁．风险评估与应急预案的关系［J］．安全，2016，37(5)：4-6.

[46] 张海龙，李雄飞，董立岩．应急预案评估方法研究［J］．中国安全科学学报，2009，19(7)：142-148.

[47] 左晓云，陈明，黄炳豪．突发事件中应急通信保障方法研究［J］．电子元器件与信息技术，2021，5(2)：58-59.

[48] Grimaila M R, Badiru A. A hybrid dynamic decision making methodology for defensive information technology contingency measure selection in the presence of cyber threats [J]. Operational Research, 2013, 13(1): 67-88.

[49] Sunley R, Cannon R, Eyre D, et al. A decision-support scheme that generates contingency plans and prioritizes action during pest utbreaks [J]. EPPO Bulletin, 2012, 42(1): 89-92.

[50] 冯佳瑞. 施工项目应急预案数字化研究及应用分析 [D]. 河北: 河北工程大学, 2021.

[51] 何望君, 廖振良, 王遵彤. 上海世博会突发事件应急预案系统研究 [J]. 计算机技术与发展, 2008, 18(11): 240-242.

[52] 黄卫东, 李旻茜. 数字化应急预案知识模板存储的设计与实现 [J]. 计算机技术与发展, 2013,(4): 115-118+194.

[53] 李娜, 李娇, 孙青峰. 突发事件数字化应急预案综述及研究 [J]. 油气田环境保护, 2019, 29(5): 71-74.

[54] 孟晓花, 赵冰. 城市应急预案数字化发展及应用研究 [J]. 信息技术与应用, 2018,(11): 26-27.

[55] 任晶, 常璐. 预案数字化助力提升应急处置能力——数字化预案与推演系统构建方案探析 [J]. 中国应急管理, 2020,(9): 62.

[56] 申俊义, 杜冬霞, 谢红薇. 应急预案数字化系统的研究与实现 [J]. 科技情报开发与经济, 2008, 36(18): 105-108.

[57] 徐娟. 计算机虚拟现实技术在消防数字预案中的应用 [J]. 电脑知识与技术(学术交流), 2007,(13): 199-200.

[58] 张超, 裴玉起, 邱华. 国内外数字化应急预案技术发展现状与趋势 [J]. 中国安全生产科学技术, 2010, 6(5): 154-158.

[59] 张海明, 丁艳荣. 基于本体语义的应急决策情境认知 [J]. 现代电子技术, 2012, 23: 135-137+140.

[60] 周斌, 孙海涛, 金科, 等. 水管单位应急预案数字化系统需求分析及设计 [J]. 中国防汛抗旱, 2013(6): 20-22.

[61] Hanbin L, Xiaofan P, Botao Z. Application of Ontology in Emergency Plan Management of Metro Operation [J]. Procedia Engineering, 2016, 164, 158-165.

[62] M. Carmen Penadés, Ana G. Núñez, José H. Canós. From planning to resilience: The role (and value) of the emergency plan [J]. Technological Forecasting & Social Change, 2016, 121, 17-30.

[63] 邸泽青．我国突发公共卫生事件应急预案体系建设中存在的问题及其对策［J］．现代预防医学，2008(12)：2400+2405.

[64] 姜继为，冯婕．论城市政府对应急预案的管理［J］．城市问题，2006(4)：79-83.

[65] 李巍，范娟．规范应急预案管理　发挥应急预案核心作用［J］．环境保护，2011(22)：23-25.

[66] 刘成杰，齐林泉．提高高校应急管理能力的策略［J］．学校党建与思想教育，2020(5)：94-96.

[67] 刘海兵，张喆，周强，等．企业环境应急预案发展及其编制的若干思考［J］．环境保护，2019，47(11)：11-14.

[68] 陆伟明．学校突发事件应急预案管理的法律调控［J］．行政法学研究，2013(3)：15-19.

[69] 张小兵，王建飞，解玉宾，等．公共产品视域下应急预案周期管理探讨［J］．灾害学，2015，30(2)：162-166.

[70] Okada Y，Haruki Y，Ogushi Y. Disaster drills and continuous medical education using satellite-based Internet［J］. Methods of Information In Medicine，2000(39)：343-347.

[71] Zavar E，Nelan M. Disaster drills as experiential learning opportunities for geographic education［J］. Journal of Geogeaphy in Higher Education，2020(44)：624-631.

[72] 陈超，闫艳．应用灾害数字孪生体的应急预案演练系统［J］．中国安全科学学报，2021，31(7)：90-96.

[73] 翟慧杰，龚维斌．借鉴国外经验建立整建制应急管理培训新模式［J］．行政管理改革，2018(2)：56-59.

[74] 洪凯，陈绮桦．美国应急演练体系的发展与启示［J］．中国应急管理，2011(9)：54-59.

[75] 李明．德国战略演练的理论基础及流程设计［J］．中国公共安全(学术版)，2015(4)：39-43.

[76] 李雪峰．应急演练规划指南［M］．北京：中国人民大学出版社，2018.

[77] 鲁金涛．应急演练“情景-响应”模型的结构相似度构建方法［J］．中国安全科学学报，2021，31(10)：182-188.

[78] 陆继锋，曹梦彩，陶玟杉．日本应急防灾知识普及的经验与启示［J］．中国防汛抗旱，2019，29(5)：48-53.

[79] 宁良文，陈志强，牛金玉，刘泽，陈超亿，毕雪晶，郝艳华，吴群红，孙唯，宋铁，易建荣．我国公众参与应急教育情况及影响因素分析［J］．中国公共卫生，2020，36(2)：178-182.

[80] 牛坤，刘晅亚，陶鹏宇，宋文琦．基于虚拟现实技术的消防救援模拟演练系统［J］．消防科学与技术，2021，40(11)：1639-1643.

[81] 彭彰，李钦富．一种基于 TENA 的应急指挥模拟演练平台架构设计［J］．系统仿真学报，2021，33(1)：231-238.

[82] 沈莘．试析德国应急管理培训体系的特点及其启示［J］．现代经济信息，2016(3)：70-71.

[83] 唐睿，张璐璐．全息影像技术在森林火灾防控演练中的应用前景分析［J］．林产工业，2021，58(12)：97-99.

[84] 王庆伟，李雪峰．我国应急演练开展现状综述［J］．中国减灾，2019(23)：18-21.

[85] 游志斌．德国国家战略危机管理演习的主要特点及启示［J］．中国应急管理，2010，(5)：53-55.

[86] 张小兵，张然，解玉宾．我国应急演练管理研究新进展［J］．中国安全生产科学技术，2016，12(10)：68-73.

[87] 张新海，陈建军，王圣辉，赵容娇．防汛应急演练评估研究［J］．人民黄河，2020，42(S1)：9-10.

[88] 张媛，王金萍，赖俊彦，才其格，李亦纲．互联网+社区地震应急桌面演练的设计与实施——以青海省海西州为例［J］．震灾防御技术，2020，15(2)：411-418.

[89] 郑登锋，付明福，龚晓凤，朱晓曼，谭波．基于情景构建的多地多场景应急演练［J］．中国安全科学学报，2019，29(6)：171-176.

[90] Ahn S I，Kurt R E. Application of a CREAM based framework to assess human reliability in emergency response to engine room fires on ships［J］. Ocean Engineering，2020，216(108078).

[91] Feng X，Feng Z，He Y. Analysis on Chemical Industry Park Emergency Drill Escape Paths based on WebGIS［J］. Procedia Engineering，2012，45(3)：722-726.

[92] 郝甜甜，张小兵．应急演练准备设计基本要求及实现［J］．中国安全生产科学技术，2019，15(10)：114-119.

[93] 李雪峰．开展有效的实战应急演练组织工作［J］．中国减灾，2021(9)：

30-33.

[94] 全国安全生产标准化技术委员会 . AQ/T 9007—2019 生产安全事故应急演练基本规范 [S]. 北京：应急管理出版社，2019.

[95] Mastro A Del; Monaco F.; Benyoucef Y. A multi-user virtual reality experience for space missions [J]. Journal of Space Safety Engineering, 2021, 8(2): 134-137.

[96] Morélot Sarah; Garrigou Alain; Dedieu Julie; N'Kaoua Bernard. Virtual reality for fire safety training: Influence of immcrsion and sense of presence on conceptual and procedural acquisition [J]. Computers & Education, 2021, 166: 104-105.

[97] 姜传胜，邓云峰，贾海江，王晶晶 . 突发事件应急演练的理论思辨与实践探索 [J]. 中国安全科学学报，2011，21(6)：153-159.

[98] 庞国锋 . 虚拟现实的 10 堂课 [M]. 北京：电子工业出版社，2017.

[99] 王飞，郑晓翠，李鑫，房龄航 . 应急演练设计与推演 [M]. 北京：清华大学出版社，2020.

[100] 王曙 . 业务连续性管理实务 [M]. 北京：人民邮电出版社，2022.

[101] 吴群红，等 . 卫生应急演练的理论与实践指南 [M]. 北京：人民卫生出版社，2014.

[102] 朱新平，徐海瑶，万健 . 基于虚拟现实的机场消防救援虚拟演练平台 [J]. 计算机仿真，2020，37(2)：102-105.

[103] Gryth D, Rhdestad M, Nilsson H, et al. Evaluation of medical command and control using performance indicators in a full-scale, major aircraft accident exercise [J]. Prehospital and disaster medicine, 2010, 25(2): 118-123.

[104] Kristine M, Gebbie, Joan Valas, Jacqueline Merrill, et al. Role of Exercises and Drills in the Eva luation of Public Health in Emergency Response. Prehospital and Disaster Medicine, 2006: 121-124.

[105] 方思远，杜建国，光士伟，等 . 城市供水突发事件应急演练评估研究 [C]. 城镇供水 · 第七届中国城镇水务发展国际研讨会论文集，2012(10)：1-8.

[106] 刘贤良 . 应急演练评估研究现状与前瞻分析 [C]. 2012 年度灭火与应急救援技术学术研讨会论文集，2012：394-398.

[107] 栾国华，裴玉起，吴东平，等 . 基于 AHP-Fuzzy 方法的工业生产安全综合应急演练评估 [J]. 数学的实践与认识，2014，44(10)：98-103.

[108] 阮方，申超，程远，等 . 基于 AHP 分析的核应急救援演练评估模型 [J].

和技术，2022，45(1)：87-96.

[109] 易涛，朱群雄．基于层次熵权和 AHP 方法的灾害应急演练综合评价［J］．计算机与应用学，2014，31(4)：401-405.

**图书在版编目（CIP）数据**

应急预案与演练 / 曹飞凤，张丛林主编；韩伟，贺露露副主编 . -- 北京：应急管理出版社，2023（2025.8 重印）

ISBN 978-7-5020-9982-4

Ⅰ.①应… Ⅱ.①曹… ②张… ③韩… ④贺… Ⅲ.①突发事件—应急对策 Ⅳ.①D035.34

中国国家版本馆 CIP 数据核字（2023）第 101768 号

**应急预案与演练**

---

**主　　编**　曹飞凤　张丛林
**副 主 编**　韩　伟　贺露露
**责任编辑**　唐小磊　孔　晶
**责任校对**　张艳蕾
**封面设计**　罗针盘

**出版发行**　应急管理出版社（北京市朝阳区芍药居 35 号　100029）
**电　　话**　010-84657898（总编室）　010-84657880（读者服务部）
**网　　址**　www. cciph. com. cn
**印　　刷**　北京盛通印刷股份有限公司
**经　　销**　全国新华书店

**开　　本**　710mm × 1000mm $^{1}/_{16}$　**印张**　11$^{1}/_{4}$　**字数**　141 千字
**版　　次**　2023 年 6 月第 1 版　2025 年 8 月第 4 次印刷
**社内编号**　20221513　　　　**定价**　55.00 元

---